3학년 스토리텔링 수학동화

3학년

스토리텔링
수학동화

서지원 글 | 박연옥 이선주 그림

생각하는 수학을 만나 보세요

세상에는 수학을 싫어하는 사람들이 정말 많아요. 초등학교 1학년 때에는 그렇게 싫어하지 않는데, 2학년을 지나 3학년, 4학년이 넘어서면 수학이 점점 싫어지기 시작해요. 중학교, 고등학교 들어가면 수학을 아예 포기하는 학생들도 많지요.

그러면 수학을 싫어하는 상태로 억지로 공부를 해야 할까요? 수학을 재미있게 공부할 수는 없을까, 하고 저는 고민했어요. 그렇게 탄생한 책이 바로 이 책이에요. 여러분이 수학을 즐겁게 공부할 수 있도록 스토리텔링으로 엮었답니다. 수학 원리를 넣어 새롭게 이야기를 꾸미기도 했고, 유명 인물이나 옛날이야기, 물건의 유래를 빌려 와 상상력을 보태 각색하기도 했어요. 가벼운 마음으로 동화를 읽다 보면, 저절로 수학 원리를 익힐 수 있지요.

여러분이 잘못 알고 있는 것 가운데 이런 것이 있어요. 수학은 문제를 푸는 것이라고요. 이건 잘못된 생각이에요. 수학은 단지 문제를 푸는 게 아니에요. 수학은 이해하고 생각하는 과목이에요. 문제 풀이는 생각하는 힘을 높이는 하나의 방법일 뿐이에요.

수학은 국어나 사회 같은 과목과는 달라요. 원리를 깨달아야 해요. 한 가지 원리를 깨달으면 백 가지 문제를 술술 풀 수 있어요. 그리고 1학년, 2학년 때 나오는 원리와 개념을 잘 이해하고 있다면 3학년 때에도 수학을 잘할 수 있어요. 3학년 때 잘 배워 두면 4학년 때에도 잘하게 되지요. 그러니까 수학은 한 번 잘하게 되면 이후에도 쭉 잘할 수 있다는 말이에요.

마지막으로 여러분이 꼭 알아 두었으면 하는 것이 있어요. 그건 수학 공부를 왜 하는지, 나중에 어디에 사용되는지 알아보라는 거예요. 예를 들어 곱셈과 나눗셈의 문제 풀이에만 매달리지 말고, 왜 곱셈과 나눗셈이 사용되기 시작했는지, 곱셈과 나눗셈이 생활에 어떻게 사용되는지 알아보세요. 그러면 수학이 왜 중요한지 알게 된답니다.

어린이 친구들, 저는 여러분이 수학을 좋아하게 되기를 진심으로 바랍니다. 좋아하게만 된다면 저절로 수학을 잘하게 될 거예요. 이 책이 여러분에게 수학을 좋아하는 시간을 마련해 주었으면 하는 바람입니다.

여러분의 친구 **서지원**

차례

- **덧셈과 뺄셈**   학교 도깨비들의 노래 ··· 8

- **곱셈**   나는 이렇게 부자가 되었다 ··· 26

- **나눗셈**   엄마는 지혜롭다 ··· 40

- **분수**   피타고라스 할아버지의 음악 연주회 ··· 56

- **소수**   내 몸 속에 소수가 산다 ··· 72

- **평면 도형**   대별왕과 소별왕 ··· 86

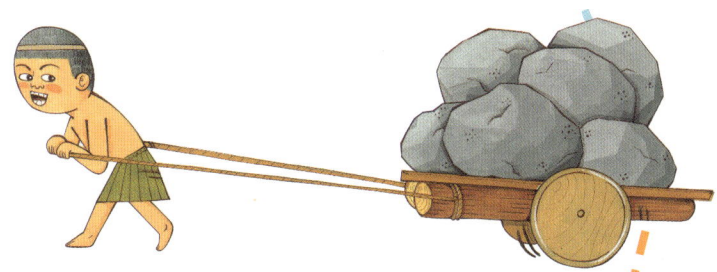

길이와 시간	화성 탐사 로봇, 오퍼튜니티 … 100
원	오세리스의 수레 … 114
들이와 무게	강물을 산 욕심쟁이 부자 … 130
자료의 정리	로빈슨 크루소, 그래프로 살아남기 … 142
규칙 찾기	오이 귀신이 나타났다 … 156

[수학퀴즈] 정답 … 170

덧셈과 뺄셈
학교 도깨비들의 노래

여러분은 아실지 모르겠지만, 학교는 학생들만 다니는 곳이 아닙니다. 여러분이 전혀 모르는 곳에, 여러분이 전혀 모르는 무엇인가 다니고 있지요.

그렇다고 무서워하지는 마세요. 그것들이 오히려 여러분을 더 무서워하니까요. 그것들은 여러분의 눈에 띄지 않으려고 합니다. 왜냐하면 눈에 띄는 순간, 그것들은 사라져 버리니까요.

아 참! 그것들은 여러분을 무척 부러워합니다. 왜냐하면 여러분은 교실에서 공부를 할 수도 있고, 선생님도 있으니까요. 쉿! 조용히 해 보세요. 그것들이 지금 모이고 있어요.

"자, 여러분, 칠판을 보세요. 민철이가 빨대 178개를 갖고 있어요. 현진이는 빨대 145개를 갖고 있지요. 그러면 민철이가 가진 빨대와 현진이가 가진 빨대를 모두 모으면 몇 개일까요?"

3학년 2반 김미진 선생님이 말했어요. 지금은 수학 시간이에요. 선생님은 칠판에 이렇게 쓰셨어요.

178 + 145

그때였어요. 딩동댕동. 수업이 끝나는 종이 울렸어요. 선생님은 아이들을 향해 말했어요.
"자, 내일까지 숙제예요. 꼭 해 와야 해요. 이 정도 문제는 풀 수 있어야 훌륭한 사람이 되는 거예요."
아이들은 선생님의 말씀을 듣는 둥 마는 둥 책가방을 둘러메고 교실 밖으로 나갔어요. 교실은 어느새 텅 비어 버렸어요.
"들었어? 들었지?"
어떤 목소리가 들렸어요. 텅 빈 교실 어디선가요.
"좋겠다, 아이들은 좋겠다."
또 다른 목소리도 들렸어요. 그건 교실 바닥 밑에서 들리는 소리였어요.
교실 바닥 밑 어두컴컴한 곳에는 도깨비들이 살고 있었어요. 학교 도깨비들이었어요. 지우개 도깨비, 공책 도깨비, 연필 도깨비, 색연필 도깨비, 크레파스 도깨비, 자 도깨비, 필통 도깨비 등 여러 도깨비들이 살고 있었지요. 그건 모두 아이들이 쓰다가 버린

물건들이었어요. 혹은 아이들이 잃어버린 물건들이었지요.

여러분은 집에서는 필통 안에 멀쩡히 있던 물건이 학교에서 갑자기 사라진 적 없나요? 그건 그 물건이 도깨비로 변해 교실 바닥으로 들어간 거예요. 모든 물건이 도깨비로 변하는 건 아니지만 물건들이 간절히 원하면 도깨비가 되기도 한답니다.

어쨌든 도깨비들은 여러분을 무척 부러워해요. 여러분이 교실에서 수업을 할 때마다 다 함께 모여서 교실 바닥에서 귀를 기울이고 숨을 죽인 채 공부를 같이 하지요. 들키면 안 되니까요.

"선생님이 오늘 숙제를 뭘 내셨지? 난 귀가 없어서 못 들어."

귀가 다 닳은 동물 지우개 도깨비가 물었어요.

"178+145를 알아 오라고 하셨어. 그래야 훌륭한 사람이 될 수 있대."

파란 크레파스 도깨비가 바닥에 덧셈을 쓰면서 말했어요. 파란 크레파스 도깨비는 민철이가 장난으로 던졌는데 민철이가 다시 찾지 않아서 도깨비가 되었어요.

"우리도 해 보자. 우리도 훌륭해지고 싶다! 우리도 훌륭한 도깨비가 될 수 있다!"

"풀어 보자! 얼른 풀자! 풀면 훌륭해지는 거야!"

도깨비들은 모두 둘러앉아 선생님이 내준 숙제를 풀기 시작했어요. 하지만…….

"어렵다! 너무 어렵다! 10보다 큰 덧셈은 정말 어렵다! 손가락이 없어서 어려운가 보다!"

"난 손가락이 있는데!"

공주 모습의 핸드폰 고리 도깨비가 말했어요. 핸드폰 고리 도깨비는 아름이 핸드폰에 매달려 있던 인형이었는데, 아이들이 못생겼다고 놀려서 아름이가 버린 물건이었어요.

"잘난 척 공주, 또 잘난 척하네. 손가락이 있으면 뭐 해? 여덟 개밖에 없으면서!"

필통 도깨비가 바닥에 누워 뚜껑을 열고 하품을 하며 말했어요.

"아이들이 부럽다! 손가락, 발가락이 열 개씩 있는 아이들이 부럽다!"

도깨비들은 모두 입을 모아 소리쳤어요.

"아, 어떻게 하지? 우리는 훌륭해질 수 없나 봐. 흑흑흑."

도깨비들이 슬퍼서 훌쩍훌쩍 울기 시작했어요. 도깨비들은 웃음도 많고, 눈물도 많거든요. 그래서 하루에 열두 번도 더 웃었다가 울었어요.

"누가 우리에게 10보다 큰 덧셈하는 법을 가르쳐 줄까?"

"우리도 선생님이 있었으면 좋겠다!"

"하지만 우리는 선생님이 없는걸. 흑흑흑. 선생님 도깨비가 있으면 얼마나 좋을까? 아이들이 부럽다, 사람 선생님이 있어서. 흑흑흑."

도깨비들은 점점 더 많은 눈물을 흘렸어요. 그때 가장 똑똑한 수첩 도깨비가 나섰어요. 수첩 도깨비는 수첩 안에 적혀 있는 게 많아서 아는 것도 많았어요. 특히 지하철 노선도나 긴급 전화번호 같은 걸 줄줄 외웠어요. 학교에서 배우지 않는 걸 안다는 게 문제지만요.

"우리가 선생님을 찾으러 가면 되잖아. 우리한테 덧셈을 가르쳐 줄 선생님을 찾으러 가자."

"좋아, 좋아! 그거 정말 좋은 생각이다!"

도깨비들은 언제 울었냐는 듯이 호호호, 우하하 웃음을 터뜨렸어요.

그날 밤, 별도 달도 잠이 든 아주 깊은 밤, 도깨비들은 학교 바닥에서 나왔어요.

어서 가자. 배우러 가자. 덧셈을 배우러 가자.
10이거나 10보다 큰 덧셈은 정말 어려워.
하지만 선생님이 가르쳐 주시겠지. 도깨비 선생님을 찾아가자.
덧셈을 잘하면 훌륭한 도깨비가 될 수 있단다.

도깨비들은 줄을 맞춰 걸으며 노래를 불렀어요. 지붕을 타고 이 집을 건너고 저 집을 건넜어요.

"에구, 힘들다. 여기서 쉬었다가 가자."

도깨비들은 어느 지붕 위에 모여 앉았어요.

그때 지붕 아래 방에서 도란도란 말소리가 들려왔어요. 할머니와 할아버지가 얘기를 나누었어요.

도깨비들의 귀가 번쩍 뜨였어요.

"받아올림? 받아올림이 뭐지?"

"똑똑한 수첩 도깨비야, 받아올림이 뭐야?"

"받아서 올리는 거지. 이렇게 던져서 받아서 올려!"

수첩 도깨비는 지우개 도깨비를 던져서 받았다가 올렸어요.

"어이구, 덧셈을 어떻게 받아서 올려? 엉터리 도깨비야!"

"이제 그만 가자. 그런데 도깨비 선생님은 어디 계신 걸까?"

도깨비들은 또 지붕을 타고 건너 다른 지붕을 넘어갔어요. 길고양이를 만나고, 굴뚝 밑에서 잠자는 새도 만났어요. 하지만 아무도 도깨비 선생님이 어디 있는지 몰랐어요.

"에구, 힘들다. 여기서 쉬었다가 가자."

도깨비들은 굴뚝 옆에 모여 앉았어요. 그곳은 목욕탕 굴뚝이었어요. 그때 굴뚝을 통해 도란도란 말소리가 들려왔어요. 아저씨와 아주머니가 잠자리에서 얘기를 나누었어요.

오늘 우리 목욕탕에 손님이 얼마나 들어왔지?

남자 손님은 184명, 여자 손님은 178명요. 받아올림하면 모두 362명이네요.

도깨비들은 귀가 번쩍 밝아졌어요.

"또 받아올림이라고 하네."

"받아올림만 할 줄 알면 되나 봐."

도깨비들은 귀를 기울였어요. 하지만 아저씨와 아주머니는 더 이상 받아올림에 대해 말하지 않고, 코를 드르렁 쿨 드르렁 쿨 골면서 잠에 빠졌어요.

도깨비들은 엉엉 울기 시작했어요.

"받아올림을 배우고 싶어!"

"나도 받아올림을 하고 싶어! 받아올림 배워서 훌륭한 도깨비가 되고 싶어!"

실망한 도깨비들은 다시 학교로 돌아왔어요. 그런데 바람을 타고 노랫소리가 들려왔어요.

걱정 마라, 걱정 마라. 표시하면 다 풀린다.
걱정 마라, 걱정 마라. 받아올림 다 풀린다.
더한 값이 10이거나 10보다 크면
1을 윗자리에 더하면 된다.
잊지 말고 숫자를 적으면 된다.

"조용히 해 봐. 누가 노래를 부르네."

"노래가 저기에서 들려. 저기에 뭐가 있나 봐."

도깨비들은 캄캄한 운동장을 바라봤어요. 운동장에서 움직이는 건 바람에 흔들리는 나뭇가지뿐이었어요.

"어서 오너라. 이리 오너라."

"누구세요?"

"나는 은행나무 할머니란다. 나이가 213살이나 되는 은행나무 할머니란다. 나는 이 학교가 생기기 전부터 여기 있었지. 그래서 학교에서 가르쳐 주는 건 모르는 게 없단다."

노래를 부른 건 운동장 한쪽에 있던 커다란 은행나무였어요.

"와! 그러면 받아올림이 뭔지 아세요?"

도깨비들은 은행나무 밑에 쪼그리고 앉아서 물었어요.

"알다마다. 덧셈을 할 때 같은 자리의 수를 더한 값이 10이거나 10보다 크면 바로 윗자리로 1을 받아올림하는 거란다. 받아올림한 수는 바로 윗자리 숫자 위에 작게 적으면 된단다."

"어려워요. 너무 어려워요. 무슨 말인지 모르겠어요."

"자~ 문제를 하나 내 볼까? 준표네 집에서 놀이터까지는 293걸음이고, 놀이터에서 문구점까지는 448걸음이란다. 준표네 집에서 문구점까지는 몇 걸음일까?"

"모르겠어요."

도깨비들이 울상을 짓자, 은행나무 할머니가 설명을 했어요.

"일의 자리인 3과 8을 더하면 11이 되지? 그러면 일의 자리에는 1만 남기고 10을 윗자리로 받아올린단다.

$3 + 8 = 11$

$$\begin{array}{cccc} & & \boxed{1} & \\ & 2 & 9 & 3 \\ + & 4 & 4 & 8 \\ \hline & & & 1 \end{array}$$

이제 10의 자리를 더해 볼까? 다 더하면 140이 되는구나. 40을 남기고 100을 다시 윗자리로 받아올리는 거야.

$10 + 90 + 40 = 140$

$$\begin{array}{cccc} & \boxed{1} & \boxed{1} & \\ & 2 & 9 & 3 \\ + & 4 & 4 & 8 \\ \hline & & 4 & 1 \end{array}$$

그러면 100의 자리는 모두 더해서 700이 되는구나.

$100 + 200 + 400 = 700$

$$\begin{array}{cccc} & \boxed{1} & \boxed{1} & \\ & 2 & 9 & 3 \\ + & 4 & 4 & 8 \\ \hline & 7 & 4 & 1 \end{array}$$

어때? 받아올림을 하니 세 자리 수 더하기가 쉽게 끝났지?"

"알겠어요! 알겠어요! 이제 받아올림이 뭔지 알겠어요!"

도깨비들은 이제 받아올림을 할 수 있게 되었어요.

"바로 깨닫다니, 너희는 훌륭한 도깨비로구나."

은행나무 할머니가 칭찬을 했어요. 도깨비들은 "우와, 우리가 훌륭해졌다!" 하면서 기뻐했어요.

도깨비들은 줄을 맞춰 운동장을 돌면서 춤을 추고, 노래를 불렀어요. 바둑이가 컹컹 몇 번 짖었지만, 아무도 도깨비들의 춤과 노래를 듣지 못했어요.

알겠니? 이게 바로 받아올림이란다.

신기하다! 놀랍다~!

동화 속 수학

세 자리 수의 받아올림

덧셈에서 가장 틀리기 쉬운 것이 바로 받아올림이에요.
받아올림은 정말 쉬워요. 단지 실수로 틀리는 경우가 많지요.
받아올림이란, 각 자리의 숫자의 합이 10이거나 10보다 크면 바로
윗자리로 1을 올려 함께 더해 주는 거예요. 받아올림한 수는
바로 윗자리의 숫자 위에 작게 표시하여 계산하면 돼요.

$$\begin{array}{r}896\\+\,405\\\hline\end{array} \rightarrow \begin{array}{r}1\\896\\+\,405\\\hline 1\end{array}$$

$6 + 5 = 11$
십의 자리에 1을 올린다

$$\rightarrow \begin{array}{r}1\ 1\\896\\+\,405\\\hline 0\ 1\end{array} \rightarrow \begin{array}{r}1\ 1\\896\\+\,405\\\hline 1\,3\,0\,1\end{array}$$

$10 + 90 + 0 = 100$ $100 + 800 + 400 = 1300$
백의 자리에 1을 올린다

네 자리 수 더하기

세 자리 수 더하기를 할 줄 알면, 네 자리 수 더하기도 쉽게 할 수 있어요. 일의 자리는 일의 자리끼리, 십의 자리는 십의 자리끼리, 백의 자리는 백의 자리끼리, 천의 자리는 천의 자리끼리 더하면 돼요. 이때 자릿수를 잘 맞추고, 받아올림한 수는 바로 윗자리의 숫자 위에 작게 표시하는 것, 잊지 마세요.

```
  천 백 십 일
    1 2 9 7          1 2 9 7              ¹
  + 3 1 2 1   →    + 3 1 2 1     →      1 2 9 7
  ─────────       ─────────           + 3 1 2 1
                          8                ─────────
                                              1 8
```

$7 + 1 = 8$ $90 + 20 = 110$
백의 자리에 1을 올린다

```
        ¹                      ¹
      1 2 9 7                1 2 9 7
→   + 3 1 2 1     →        + 3 1 2 1
    ─────────              ─────────
        4 1 8              4 4 1 8
```

$100 + 200 + 100 = 400$ $1000 + 3000 = 4000$

세 자리 수의 받아내림

뺄셈에서 가장 틀리기 쉬운 것도 받아내림이에요.
받아내림이란, 같은 자리의 숫자끼리 계산할 수 없을 때 윗자리에서 빌려 와서 계산하는 거예요. 받아내림을 한 숫자는 빗금 표시로 지우고, 남은 수를 아래에 써요.

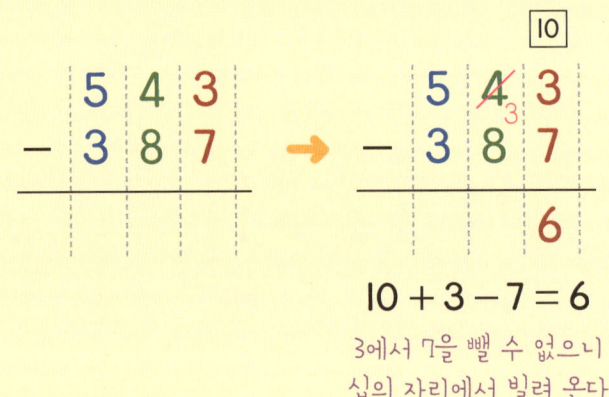

$10 + 3 - 7 = 6$
3에서 7을 뺄 수 없으니 십의 자리에서 빌려 온다

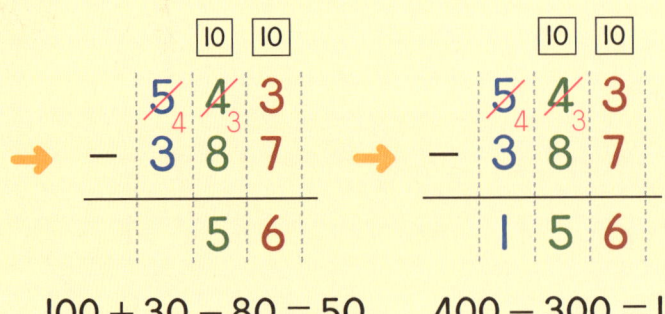

$100 + 30 - 80 = 50$　　　$400 - 300 = 100$
30에서 80을 뺄 수 없으니
백의 자리에서 빌려 온다

네 자리 수 빼기

네 자리 수 빼기를 할 때 제일 중요한 것은 자리에 맞춰 계산하는 거예요. 일의 자리는 일의 자리끼리, 십의 자리는 십의 자리끼리, 백의 자리는 백의 자리끼리, 천의 자리는 천의 자리끼리 자릿수를 잘 맞추면 돼요. 뺄셈을 할 수 없을 때 윗자리에서 받아내림을 해요. 표시하는 걸 잊지 않으면 틀리지 않아요!

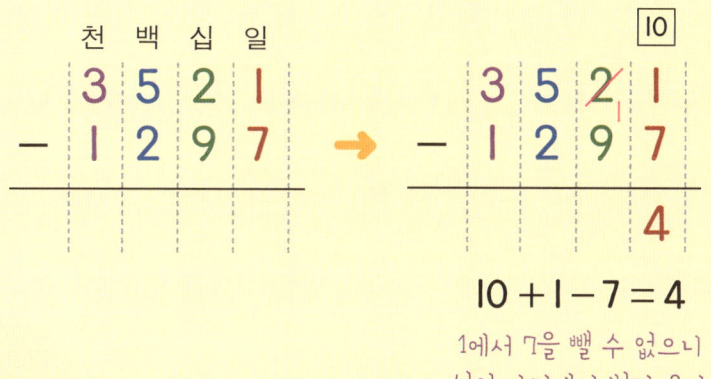

100 + 10 - 90 = 20
10에서 90을 뺄 수 없으니 백의 자리에서 빌려 온다

400 - 200 = 200

3000 - 1000 = 2000

 플러스 상식

마방진과 마법의 사각형

가로로 더해도, 세로로 더해도, 대각선으로 더해도 언제나 같은 수가 나오는 사각형이 있어요. 이 사각형을 마방진이라고 불러요.
옛날 사람들은 마방진이 마법처럼 신기한 힘을 갖고 있다고 믿었어요.
귀신을 물리치는 부적으로 사용하기도 할 정도였지요.
마방진은 지금으로부터 4000여 년 전, 중국에서 시작되었어요.
당시 하나라에 낙수라는 큰 강이 흘렀는데, 홍수가 나서 백성들은 가난과 배고픔에 괴로워했어요. 이에 하나라를 다스리던 우왕은 홍수를 막으려고 둑을 쌓았는데, 그때 커다란 거북 한 마리가 나타났어요.
그런데 거북 등에 수가 새겨져 있었어요.
이 수는 어디로 더해도 똑같이 15가 됐지요.
이것이 마방진의 유래예요.
마방진은 서양에도 알려졌어요.
유럽 사람들도 매우 신기해해서 '매직 스퀘어'라고 불렀지요. 이는 마법의 사각형이란 뜻이에요.

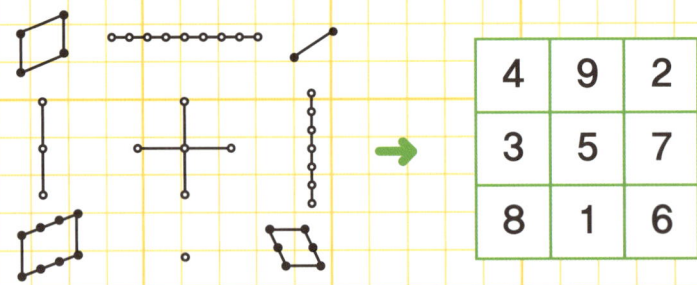

수학 퀴즈

아름이와 민준이의 내기

아름이와 민준이가 읽던 책을 가져왔어요. 그리고 누가 먼저 한 권을 읽나 내기를 했어요. 누가 책을 먼저 다 읽을까요? 단, 아름이와 민준이가 책을 읽는 속도는 같아요.

내가 읽고 있는 동화책은 368쪽짜리야. 177쪽까지 읽었어.

이 과학책은 전부 324쪽짜리야. 119쪽까지 읽었어.

● 정답은 170쪽에 있어요

나는 이렇게 부자가 되었다

다운아, 오늘은 엄마가 부자 얘기를 해 줄게. 우리 다운이는 어른이 되면 부자가 되고 싶다고 그랬지?

엄마는 우리 다운이가 무조건 부자가 되겠다고 하는 것보다 착한 부자가 되겠다는 꿈을 꾸었으면 좋겠구나. 그냥 부자는 자기 자신을 위해 돈을 벌지만, 착한 부자는 다른 사람을 위해 돈을 번단다.

"부자로 죽는 것은 수치스러운 일이다."

이것은 철강 왕 앤드루 카네기가 한 말이란다. 물론 부자가 나쁜 것은 아니야. 하지만 부자가 되려고 지나치게 인색하게 산다면, 주변에 좋은 사람들이 남아 있지 않을 거야.

엄마는 유명한 부자 가운데 한 사람인 워렌 버핏을 소개해 주고 싶구나. 워렌 버핏은 미국 사람인데, 얼마나 부자냐 하면 세계에서 가장 큰 부자 3위란다. 재산은 우리나라 돈으로 56조 원 정도라는데, 엄마는 얼마나 큰돈인지 상상이 되지 않는구나.

워렌 버핏이 어떻게 부자가 됐냐고? 워렌 버핏의 집이 원래 부자였냐고? 아니야, 워렌 버핏은 아주 가난한 집에서 태어났어. 아빠 회사가 망해서 돈을 벌지 못했거든. 그래서 항상 배가 고팠고 돈에 쪼들리며 살았지.

워렌 버핏이 여섯 살 때 이런 일이 있었어. 워렌의 할아버지는 작은 가게를 했어. 워렌은 곧잘 할아버지 가게에서 구경을 했지.

할아버지는 콜라 1병을 500원에 팔았어. 그런데 6병 묶음으로 사면 2500원으로, 500원을 깎아 주었어. 그걸 본 워렌은 모아 놓

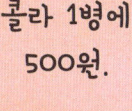
콜라 1병에 500원.

6병 한 묶음에 2500원.

다 팔면 3000원으로 500원이 남는다!

았던 용돈 2500원으로 콜라 한 묶음을 샀단다. 그리고 가게 앞에 앉아서 사람들에게 낱개로 팔아 돈을 벌었단다.

얼마를 벌었을까? 맞아. 한 묶음을 팔 때마다 500원을 벌었어. 1병에 500원이면 6병이면 3000원이잖아.

$$500 \times 6 = 3000$$

그런데 2500원에 사서 3000원에 팔았으니 500원을 번 거지.

아 참, 우리 다운이는 곱셈을 잘 못하지? 원리만 알면 곱셈은 아주 쉬워. 다운이가 곱셈을 잘 배워 두면 워렌처럼 부자가 될 수도 있어.

일단 (몇십) × (몇)을 해 볼까? 이럴 때는 끝에 0만 붙이면 돼. 무슨 소리냐고? 이걸 잘 보렴.

$$30 \times 6 = 3 \times 6 \times 10$$
$$= 18 \times 10 \quad \leftarrow 3 \times 6\text{을 먼저 계산한다}$$
$$= 180 \quad \leftarrow 0\text{을 1개 붙인다}$$

(몇십) × (몇)을 계산할 때는 숫자끼리 먼저 곱해. 30 × 6에서 3 × 6을 먼저 계산하는 거야. 이건 쉽지? 18이야. 그런데 30 × 6에

는 0이 몇 개 있지? 0이 1개 있어. 그래서 18에 0을 1개만 붙이면 돼. 답은 180.

500×6도 똑같은 방법으로 계산하면 돼. 5×6을 먼저 계산해. 쉽지? 30이야. 500×6에는 0이 몇 개 있지? 2개 있지. 그래서 30에 0을 2개만 붙이면 돼. 답은 3000.

$$500 \times 6 = 5 \times 6 \times 100$$
$$= 30 \times 100 \quad \leftarrow 5 \times 6을\ 먼저\ 계산한다$$
$$= 3000 \quad \leftarrow 0을\ 2개\ 붙인다$$

워렌도 이렇게 계산해서 돈을 벌었단다. 여섯 살에 벌써 이런 계산을 할 줄 알았던 거지.

워렌은 어렸을 때부터 다양한 장사를 했어. 한번은 골프장 숲 속에 버려진 골프공들이 많다는 것을 알고, 친구들에게 골프공을 주워 오면 돈을 준다고 했어. 워렌은 골프공들을 모아 골프장 앞에 수북이 쌓아 놓고는 골프공 할인 판매점을 차려서 돈을 벌기도 했어.

워렌은 개수를 아주 잘 셌어. 골프공이 128개가 있다고 해 보자. 워렌이 어떻게 셌는지 아니? 1개, 2개, 3개…… 이렇게 센 거 아니냐고?

워렌은 친구들에게 10개씩 모으라고 했어. 그리고 곱셈으로 셌지. 어떻게 곱해서 셀 수 있냐고?

10개씩 묶음이 12개고, 남은 게 8개. 그러면 12×10 하고, 남은 것 8개를 더하면 돼.

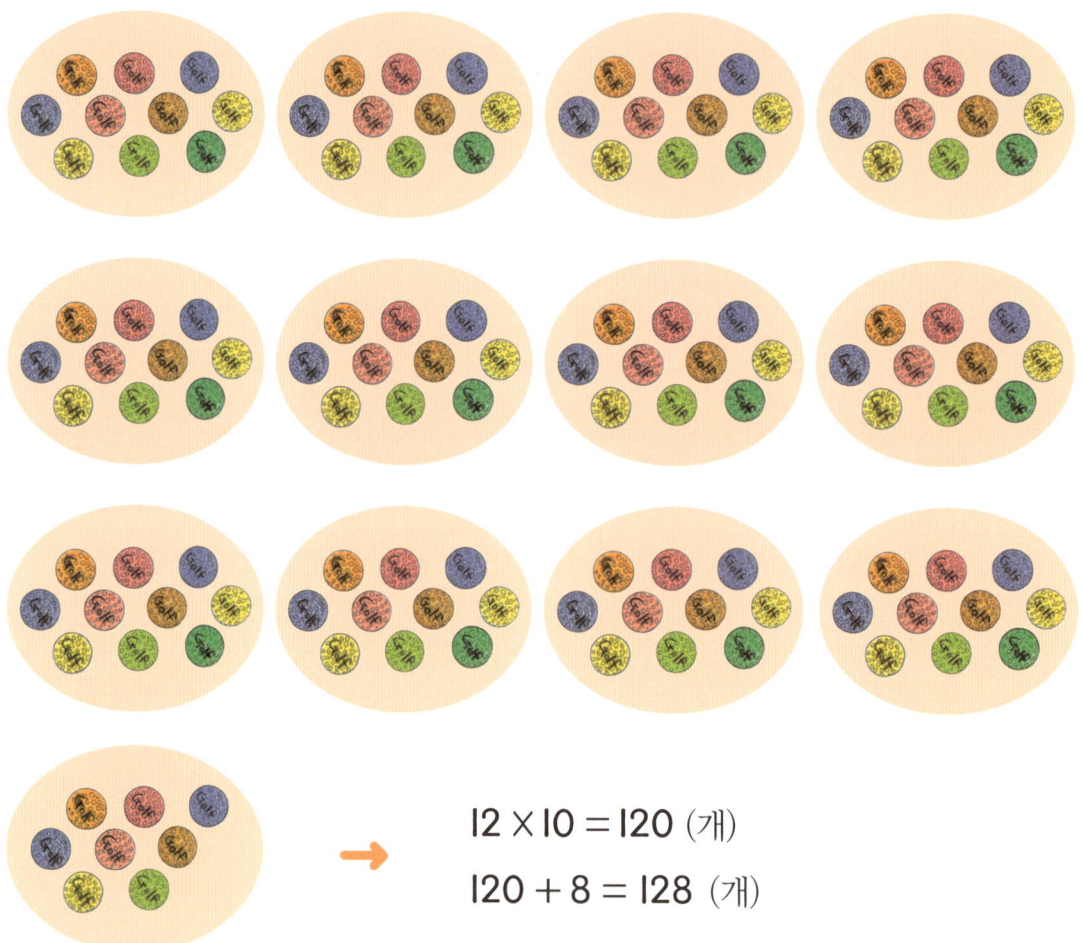

12 × 10 = 120 (개)
120 + 8 = 128 (개)

워렌은 핀볼 게임기 임대 장사도 했단다. 고장 난 중고 핀볼 게임기를 싼값에 사서 수리한 다음, 이발소나 술집 등의 가게에 빌려 주는 사업이었어. 손님들이 게임기를 이용하면서 생긴 이익금은 가게 주인과 절반씩 나누었지. 장사가 아주 잘됐어. 가게 주인들은 돈 한 푼 안 들이고 돈을 벌었으니까.

그러나 워렌은 너무 나이가 어려서 어른들이 워렌의 말을 잘 믿지 않았고, 무시하기도 했어. 워렌은 회사처럼 보이게 하려고, 회사 이름을 '윌슨 동전 조작 기계 회사'라고 지었단다. 누가 주문을 하면 워렌은 이렇게 말했어.

"네, 알았습니다. 저희 회사 사장님이신 윌슨 씨에게 말씀드리도록 하겠습니다. 저희 사장님은 매우 친절하고, 신속하신 분이십니다."

그러나 실제로 윌슨이란 사람은 없었어. 사장은 워렌이었지. 윌슨이란 나이 많은 어른 사장이 있는 것처럼 말만 한 거야. 워렌의 장사 수완이 얼마나 좋았는지 알 수 있겠지?

워렌은 신문 배달도 했어. 그런데 다른 사람하고 좀 다른 방식으로 했단다. 대개 한 신문사의 신문만 배달을 하잖아. 그런데 워렌은 두 신문사의 신문을 취급했어. 그것도 심한 경쟁사였던 워싱턴 포스트와 워싱턴 타임스-헤럴드를 말이야. 만약 워싱턴 포스트 독자가 구독을 취소하면, 워렌은 이렇게 말했어.

"기사 내용이 마음에 안 드세요? 그러면 워싱턴 타임스-헤럴드를 보세요. 워싱턴 포스트와는 기사 내용이 달라요."

워렌의 신문 판매 부수는 줄어들지 않고 항상 유지가 됐어. 워렌은 이렇게도 말하면서 신문 구독을 늘였어.

"어떤 신문을 볼지 고민되시나요? 워싱턴 포스트와 워싱턴 타임스-헤럴드를 함께 보세요. 한 달간 무료로 넣어 드릴게요. 매달 신문 대금도 조금 깎아드리고요."

만약 워렌이 신문 한 부에 30센트씩 받는다면 30부를 팔았을 때 얼마를 벌 수 있을까?

신문 30부를 30센트씩 판다는 건, 30×30이야. 이건 (몇십) × (몇십)이지. 이것도 (몇십) × (몇)과 계산법은 같아. 단지 계산 끝에 0을 2개 붙이면 돼.

$$30 \times 30 = 3 \times 3 \times 10 \times 10$$
$$= 9 \times 10 \times 10 \leftarrow 3 \times 3\text{을 먼저 계산한다}$$
$$= 9 \times 100$$
$$= 900 \leftarrow 0\text{을 2개 붙인다}$$

하나 더 해 볼까? 신문 50부를 50센트씩에 팔면 얼마를 벌 수 있을까?

$$50 \times 50 = 5 \times 5 \times 10 \times 10$$
$$= 25 \times 10 \times 10 \leftarrow 5 \times 5\text{를 먼저 계산한다}$$
$$= 25 \times 100$$
$$= 2500 \leftarrow 0\text{을 2개 붙인다}$$

어때? 곱셈도 덧셈만큼 쉽지?

사실, 워렌은 돈에는 별로 욕심이 없었단다. 단지 장사가 너무 재미있었던 거야. 번 돈을 함부로 쓰지 않고 차곡차곡 저축한 것만 봐도 알 수 있지.

이것이 워렌을 부자로 만든 방법이란다. 돈을 벌려고 일을 했던 것이 아니라, 자기가 하는 일이 너무 재미있어 열심히 하다 보니 돈이 저절로 벌린 거야.

자신이 좋아하는 일을 하면 열심히 할 수 있어. 열심히 하면 남보다 잘하게 되지. 잘하면 잘할수록 돈이 더 벌리고, 자신감은 더욱 커진단다.

진짜 부자는 돈을 많이 가진 사람이 아니야. 사회적인 책임감을 갖고 자신의 것을 적극 나눠 주는 사람이 진짜 부자야. 워렌은 자신의 재산 대부분을 다른 사람을 위해 쓴단다. 나 혼자 잘 먹고 잘살려는 마음이 아니라, 다른 사람에게 베푸는 마음을 가지면 사람은 행복해지는 거야.

곱셈 잘하는 법

몇십 × 몇

곱셈구구만 할 줄 안다면, (몇십)×(몇)은 쉽게 할 수 있어요. 30×5의 경우, 3과 5를 곱한 뒤, 끝에 0만 붙이면 돼요.

$$30 \times 5 = 3 \times 5 \times 10$$
$$= 15 \times 10 \leftarrow 3 \times 5\text{를 먼저 계산한다}$$
$$= 150 \leftarrow 0\text{을 1개 붙인다}$$

몇십 × 몇십

(몇십)×(몇)과 마찬가지예요. 60×20의 경우, 6과 2를 곱한 뒤, 끝에 0을 2개 붙이면 돼요.

$$60 \times 20 = 6 \times 10 \times 2 \times 10$$
$$= 6 \times 2 \times 10 \times 10$$
$$= 12 \times 100 \leftarrow 6 \times 2\text{를 먼저 계산한다}$$
$$= 1200 \leftarrow 0\text{을 2개 붙인다}$$

두 자리 수 × 한 자리 수

예를 들어, 15명에게 빵을 7개씩 주려면 모두 몇 개가 필요한지 계산해 볼까요?

15명에게 7개씩 빵을 주려면 15 × 7개가 필요해요.
우선, 15를 10과 5로 나눠요. 그리고 10명에게 줄 7개를 먼저 계산하고, 나머지 5명에게 줄 7개를 다시 계산해요.

10명에게 7개씩 줄 빵의 개수
$$10 \times 7 = 1 \times 7 \times 10$$
$$= 7 \times 10$$
$$= 70$$

5명에게 7개씩 줄 빵의 개수
$$5 \times 7 = 35$$

이렇게 해서, 10명에게 줄 빵의 개수와 5명에게 줄 빵의 개수를 더하면 답이 나와요. 식으로 쓰면 다음과 같아요.

$$15 \times 7 = (10 + 5) \times 7$$
$$= (10 \times 7) + (5 \times 7)$$
$$= 70 + 35$$
$$= 105$$

이처럼 두 자리 수와 한 자리 수의 곱은 일의 자리와 십의 자리를 따로 곱해서 더하면 돼요. 세로셈으로 계산하면 다음과 같아요.

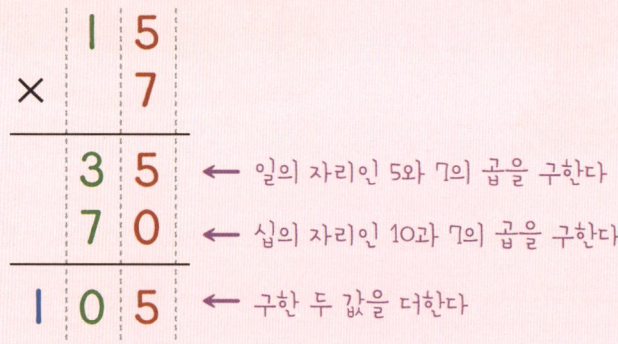

← 일의 자리인 5와 7의 곱을 구한다
← 십의 자리인 10과 7의 곱을 구한다
← 구한 두 값을 더한다

세 자리 수 × 한 자리 수

두 자리 수에 한 자리 수를 곱하는 것과 같아요. 계산할 때 항상 자릿수를 잘 맞춰야 해요. 받아올림이 있을 때는 덧셈과 같은 방식으로 계산하면 돼요.

```
    1 7 6            1 7 6
  ×     8        ×       8
  ─────────      ─────────
                   ⬚ 4 8   ← 일의 자리인 6과 8의 곱을 구한다
                   5 6 0   ← 십의 자리인 70과 8의 곱을 구한다
                   8 0 0   ← 백의 자리인 100과 8의 곱을 구한다
                 ─────────
                 1 4 0 8   ← 구한 세 값을 더한다
```

두 자리 수 × 두 자리 수

자릿수를 나눠서 계산해요. 12에 24를 곱한다면, 12에 일의 자리인 4를 곱하고, 다시 십의 자리인 20을 곱하는 거예요. 세로셈으로 계산할 때는 반드시 자릿수를 잘 맞춰야 해요.

```
    1 2              1 2
  × 2 4        →   × 2 4
  ───────          ───────
                     4 8     ← 12와 일의 자리 수 4의 곱을 구한다
                   2 4 0     ← 12와 십의 자리 수 20의 곱을 구한다
                   ───────
                   2 8 8     ← 구한 두 값을 더한다
```

플러스 상식

왜 구구단이라고 할까?

곱셈구구를 구구단이라고도 하죠? 구구단은 먼 옛날부터 있었어요. 구구단은 지금부터 2000여 년 전 중국 한나라에서 만들어졌어요. 우리나라에는 1200여 년 전에 들어왔지요.

1200여 년 전이면, 우리나라는 고구려, 백제, 신라가 있던 삼국 시대예요.

그런데 왜 구구단은 이이단, 삼삼단이라고 하지 않고, 구구단이라고 부를까요? 구구단은 옛날에는 구단부터 외웠어요. 일반 백성은 외우지 못하게 하려고 일부러 어려운 것부터 외운 거예요. 신분이 아주 높은 귀족이나 특별한 공부를 하는 관리들만 구구단을 외웠지요. 그래야 일반 백성들이 신분이 높은 귀족이나 왕족의 말을 잘 들을 거라고 생각했던 거예요.

그런데 옛날에는 지금 같은 숫자가 없었는데 어떻게 구구단을 외웠을까요? 바로 한문으로 외웠어요.

"삼승일 여삼, 삼승이 여육, 삼승삼 여구, 삼승사 여십이……."

어렵죠? '승'은 곱하기, '여'는 같다는 뜻이에요.

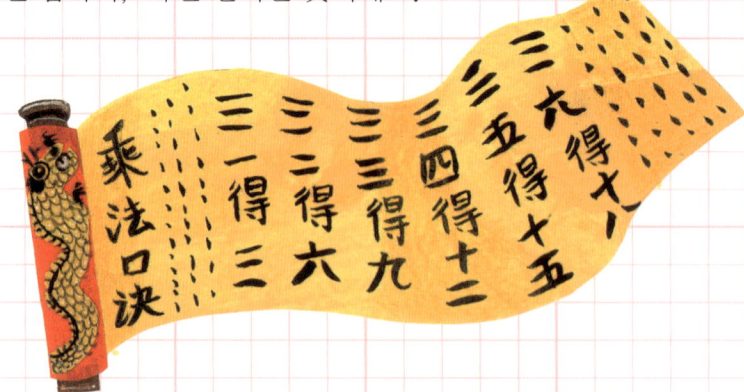

마법의 항아리

가난하지만 착한 가족이 살았어요. 이 가족은 자기보다 더 어려운 사람들을 위해 언제나 나누면서 살았지요. 어느 날, 거지 할머니가 지나가다가 이 가족에게 밥을 얻어먹었어요. 거지 할머니는 가족에게 선물 하나를 주고 갔어요. 아주 낡은 항아리였어요. 그런데 이 항아리는 마법의 항아리였어요. 뭐든지 넣으면 15배로 늘어나서 나왔어요. 이 항아리에 물건을 넣으면 몇 개나 나올까요?

① 사과 10개를 넣었어요. 몇 개가 나올까요?
② 동전 51개를 넣었어요. 몇 개가 나올까요?
③ 감자 82개를 넣었어요. 몇 개가 나올까요?

● 정답은 170쪽에 있어요

나눗셈
엄마는 지혜롭다

나는 시험지를 내려다봤다. 시험지에는 20이란 수가 빨갛게 쓰여 있었다. 오늘 본 수학 시험에서 20점을 맞고 말았다. 2학년 때 국어 시험에서 40점 맞아 본 적은 있지만, 20점을 맞은 적은 처음이다.

틀린 건 모두 나눗셈이다. 나는 덧셈, 뺄셈, 곱셈은 잘하는데 나눗셈만 못한다. 곱셈구구도 줄줄 외우는데, 나눗셈만 보면 오줌이 마려워 온다. 나눗셈을 왜 배우는 거지? 나는 세상에서 나눗셈이 제일 싫다!

덜컹. 엄마가 현관문을 열고 들어오는 소리에 내 가슴도 덜컹 내려앉는다.

"다운아, 우리 다운이, 학교 다녀왔니?"

엄마가 불렀다. 심장이 콩닥콩닥 뛰기 시작했다.

벌컥. 엄마가 방문을 열었다. 내 목이 겁에 질린 거북처럼 쏙 들어갔다.

"엄마가 그렇게 불렀는데, 왜 대답을 안 해?"

난 얼른 시험지를 책상 밑으로 감췄다. 하지만 엄마에게는 감추거나 숨기는 게 통하지 않는다. 내 얼굴 표정에 다 드러나기 때문이다.

"이리 내놔."

엄마의 한마디에 나는 스르르 마법에 걸린 인형처럼 시험지를 내밀었다. 엄마는 말이 없었다. 마치 얼어붙은 고드름 같다. 나는 수학 시험지를 보는 엄마의 표정을 살폈다. 힘을 준 입술에 주름살이 생겼다. 이제 곧 엄청난 호통이 터져 나오겠지. 내 귀도 터지고 말 거야.

그런데…….

"음…… 나눗셈이라……. 다운아, 엄마랑 장 보러 갈까?"

"응? 뭐라고?"

"엄마랑 장 보러 마트에 가자. 가서 우리 다운이 먹을 맛있는 것도 사고."

아, 아무래도 우리 엄마가 이상해졌나 보다. 사람이 갑자기 큰 충격을 받으면 정신이 이상해진다더니 우리 엄마가 그런가 보다.

"……응." 하고 기어 들어가는 소리로 대답하면서 엄마의 눈치를 살폈다. 하지만 엄마는 더는 아무 말도 하지 않고 장 보러 갈 준비를 했다.

저녁이라서 마트는 사람들로 바글바글했다. 맛있는 냄새에 나는 코를 벌렁거렸다. 어느새 20점 시험지는 잊어버리고 카트를 밀면서 엄마 주변을 맴돌았다.

"엄마, 뭐 살 거야? 응? 뭐 살 건데? 나 소시지 먹고 싶은데! 초코사탕도 먹고 싶고, 돈가스도 먹고 싶다! 와, 저기서 불고기 시식한다!"

그때였다. 어떤 누나가 소리를 쳤다.

"쌉니다, 싸요! 초코사탕 떨이! 초코사탕 한 개에 300원. 두 개를 사면 한 개를 공짜로 드립니다!"

"우와! 엄마, 초코사탕을 공짜로 준대. 빨리 사자!"

엄마는 초코사탕을 사려고 다가갔다. 그런데 바로 옆 가게에서 아저씨가 고래고래 소리를 질렀다.

"우리 가게는 더 쌉니다! 초코사탕 한 개에 300원. 한 개를 사면, 또 한 개는 반값에 드립니다!"

"엄마, 저쪽 가게가 더 싸대! 저쪽에서 초코사탕 사자."

나는 엄마를 졸랐다.

"얼른 사세요! 몇 개 안 남았습니다!"

엄마는 "으흠." 하면서 고개를 끄덕이고는 나를 바라봤다.

"어느 쪽에서 사는 게 더 쌀까? 우리 다운이가 알아맞히면 초코 사탕 먹고 싶은 만큼 사 줄게."

"정말? 내가 알아맞히면 원하는 대로 사 주는 거지?"

"물론이야."

엄마와 나는 새끼손가락을 걸고 약속을 했다.

나는 곰곰이 생각했다.

'이쪽일까? 아니 저쪽일까? 아니야, 이쪽일 거야.'

아무리 생각해도 어디가 더 싼지 알 수가 없었다.

"엄마가 한 바퀴 돌고 올 동안 여기서 꼭 답을 찾아봐."

난 어깨가 축 처져서 바닥에 쪼그리고 앉았다. 어떻게 해야 저 어려운 문제를 풀고 초코사탕을 먹을 수 있을까? 난 머리에서 김이 무럭무럭 오르는 것 같았다.

"너 거기서 뭐 하니? 시식용 초코사탕 하나 줄까?"

나를 불쌍하게 봤는지 초코사탕을 파는 누나가 물었다. 난 고개를 끄덕이고는 누나가 주는 작은 초코사탕을 입에 넣었다. 구름을 먹는 것 같은 황홀한 맛이었지만, 금방 녹아 버렸다. 난 또 울상이 됐다. 문득 좋은 생각이 떠올랐다.

"저기 누나, 궁금한 게 있는데요, 여기서 파는 초코사탕이랑 저기 아저씨가 파는 초코사탕이랑 어느 게 더 싸요?"

"당연히 우리가 더 싸지."

"왜요?"

"우리는 초코사탕 한 개에 300원이지만, 두 개를 사면 한 개는 공짜로 주거든. 그런데 저기 아저씨네 가게는 초코사탕 한 개에 300원인데, 한 개를 사면 또 한 개는 반값에 주잖아."

"그러니까 그걸 어떻게 계산해요?"

누나는 수첩을 꺼내 계산을 하기 시작했다.

"어느 가게가 더 싼지 알려면 초코사탕 한 개의 값이 얼마인지 알아야 해. 우리 가게는 두 개 가격에 세 개를 살 수 있잖아. 그러니까 한 개 가격은 600÷3 하면 돼. 200원이 되지."

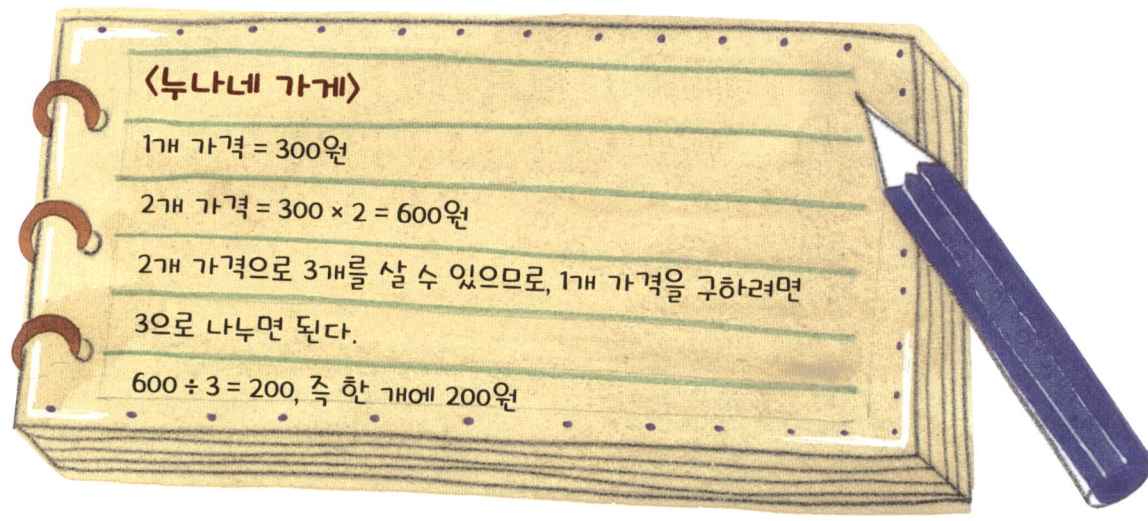

〈누나네 가게〉

1개 가격 = 300원

2개 가격 = 300 × 2 = 600원

2개 가격으로 3개를 살 수 있으므로, 1개 가격을 구하려면 3으로 나누면 된다.

600 ÷ 3 = 200, 즉 한 개에 200원

"아저씨네 가게에서는 두 개를 한 개 반 가격에 살 수 있다는 거잖아. 한 개 가격은 300원이니까, 반값이면 150원이지. 그러면 두 개에 450원이니까 450÷2 = 225원이야. 그러니까 우리 가게의 초코사탕이 더 싼 거야."

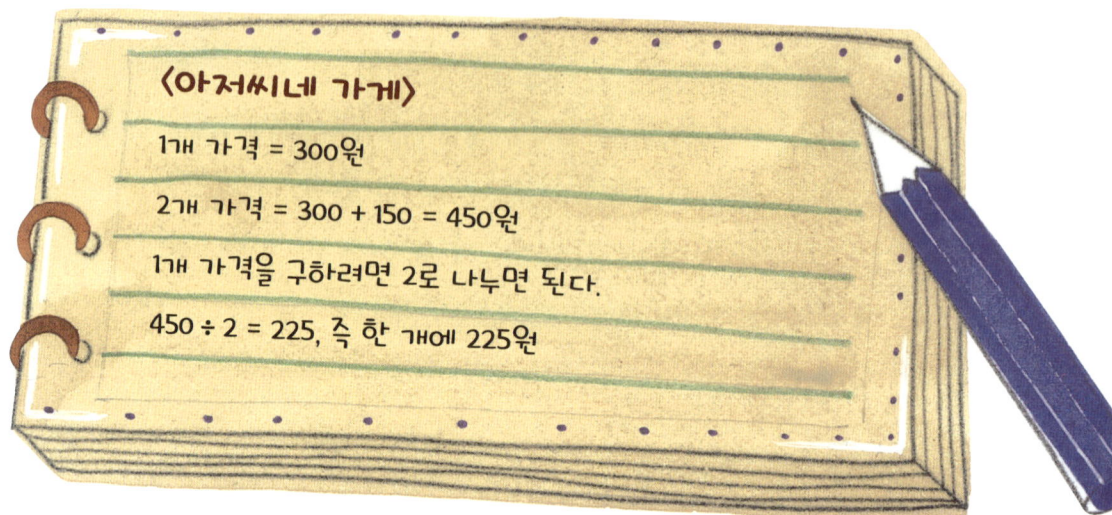

"와! 나눗셈을 이렇게 이용할 수도 있구나! 이제 초코사탕을 마음껏 먹을 수 있겠다!"
난 기분이 좋아 입이 저절로 벌어졌다.
"누나는 나눗셈을 정말 잘하네요. 난 나눗셈 정말 못하는데! 사실 난 나눗셈 공포증이 있어요. 나눗셈 기호만 봐도 오줌이 마려운 거 같아요. 나눗셈 기호도 이상하게 생겼잖아요."
"호호호! 나눗셈은 1분이면 배울 수 있어."
"정말요?"
난 눈이 동그래졌다.

"나눗셈은 곱셈의 반대야. 곱셈을 거꾸로 하면 나눗셈이 되는 거야."

"그런 말은 처음 들어 보는걸요?"

내 눈은 점점 더 커졌다. 내 얼굴의 절반이 눈이 된 것 같았다.

"4×5는 무슨 뜻이지?"

누나가 물었다.

"곱셈은 잘한다니까요. 4가 5개 있으면 얼마가 되는지 묻는 거 잖아요. 답은 20이고요. 그게 나눗셈이랑 무슨 상관이에요?"

"나눗셈은 곱셈의 반대야. 20÷5라고 하면, 20 안에 5가 몇 개 들어 있는지 묻는 거야."

"아하!"

나는 손뼉을 쳤다.

"사탕 20개가 있다고 해 보자. 이 사탕을 5명에게 똑같이 나눠 주려고 해. 몇 개씩 나눠 줄 수 있을까?"

"음…… 글쎄요."

"이걸 나눗셈식으로 쓰면 20÷5=□가 돼. 하지만 □에 들어 갈 수를 모른다고 해서 걱정할 필요는 없어. 5×□=20에서 □ 안의 수를 찾으면 돼. 나눗셈은 곱셈의 반대니까."

"그렇다면 20÷5의 답이 혹시 4예요?"

"그래. 잘하네!"

$$20 \div 5 = 4 \leftrightarrow 4 \times 5 = 20$$

와! 내가 답을 알아맞혔다는 게 신기하고 놀라웠다.

"시험 볼 때, 나눗셈 문제가 나오면 풀고 나서 곱셈으로 뒤집어서 계산을 해 봐. 그러면 자기가 푼 답이 맞는지 틀리는지 알 수 있어."

"그렇구나! 그러면 백 점 맞겠구나!"

"그러면 60÷2는 뭘까?"

"앗! 그건 곱셈구구로 풀 수 없는데요! 수가 너무 커요!"

"호호호, 그럴 때는 6을 2로 나누고, 답에 0만 붙여 주면 돼."

$$60 \div 2 \rightarrow 6 \div 2 = 3 \rightarrow 60 \div 2 = 30$$

"쉽다, 쉬워! 정말 쉽다!"

난 좋아서 펄쩍펄쩍 뛰었다.

"다운아, 뭐가 그렇게 좋아?"

어느새 엄마가 왔다.

"엄마, 답을 알았어. 이 누나가 파는 초코사탕이 더 싸. 그리고 나눗셈은 곱셈의 반대라는 것도 배웠고, (몇십)÷(몇) 하는 것도 배웠어!"

내가 신이 나서 펄쩍펄쩍 뛰는 모습이 귀여운지 엄마가 손으로 입을 가리며 호호호, 하고 웃었다.

"그래, 그러면 초코사탕 사가지고 집에 가서 나눗셈 문제 풀어 볼까?"

"그러면 좋지! 엄마 최고!"

내 입은 행복으로 크게 벌어졌다.

'아, 엄마가 나눗셈 가르쳐 주려고 마트에 오자고 한 거였구나. 우리 엄마는 정말 지혜로운 분이구나.'

난 갑자기 눈물이 났다. 혼을 내지 않고 스스로 깨닫게 해 주신 우리 엄마. 엄마, 사랑해요!

나눗셈 잘하는 법

나눗셈이란 무엇일까요? 나눗셈이란 똑같이 나누기예요. 빵이 18개 있어요. 이걸 3명이 똑같이 나누어 먹으려고 해요. 어떻게 나누면 될까요?

3명이 1개씩 나눠 가진다고 하면, 그렇게 6번을 나눠 가지면 빵이 하나도 남지 않아요.

18 − 3 − 3 − 3 − 3 − 3 − 3 = 0 ← 3을 6번 빼면 0이 된다

그런데 이렇게 빼기를 여러 번 하려면 번거로워요. 이럴 때 나눗셈을 사용하면 훨씬 간단히 답을 구할 수 있어요. 이렇게 나눗셈은 같은 묶음만큼 빼 주는 것과 같아요.

18 ÷ 3 = 6 ← '18 나누기 3은 6'이라고 읽는다

나눗셈의 몫 알아보기

빵 12개를 4개씩 묶으면 몇 묶음이 될까요? 3묶음이 되지요.

12÷4=3과 같은 식을 나눗셈식이라고 하고, 나눗셈 계산을 해서 나온 값을 몫이라고 해요.

사과 바구니에 사과가 10개 들어 있어요. 사과를 2개씩 묶어 덜어 내면 몇 번이면 다 덜어 낼 수 있을까요?

답은 5, 즉 몫은 5로 다섯 번이면 다 덜어 낼 수 있어요.

곱셈과 나눗셈의 관계

다람쥐 3마리가 도토리를 9개씩 갖고 있어요. 도토리는 모두 몇 개일까요?

$$3 \times 9 = 27$$

도토리는 27개예요. 27개를 다시 다람쥐 3마리에게 나눠 주려면 몇 개씩 나눠 가질 수 있을까요? 각각 9개씩 나눠 가질 수 있어요.

$$27 \div 3 = 9$$

이처럼 곱셈과 나눗셈은 서로 위치를 바꿀 수 있어요.

$$3 \times 9 = 27 \leftrightarrow 27 \div 3 = 9$$

나눗셈을 세로셈으로 풀기

나눗셈은 가로로 계산할 수도 있지만 세로로 계산할 수도 있어요.
사과 30개를 6봉지로 나누었을 때의 나눗셈식을 세로로 계산해 볼까요?

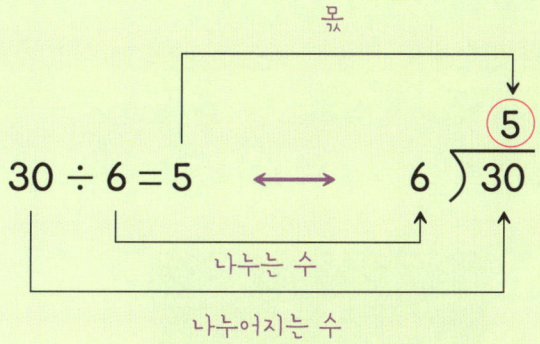

이렇게 몫이 딱 떨어지는 것을 '나누어 떨어진다'라고 해요. 나눗셈을 계산하다 보면 나누어 떨어지지 않는 경우도 있어요. 딱 떨어지지 않고 남은 수를 '나머지'라고 해요. 나머지는 항상 나누는 수보다 작지요.

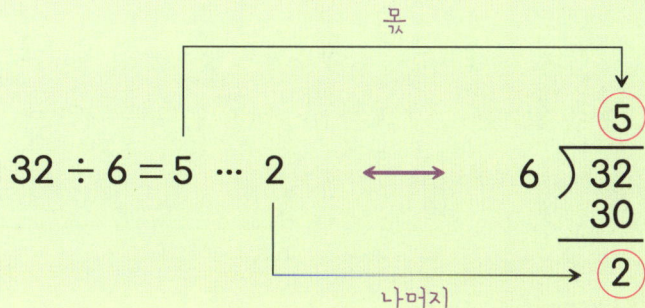

플러스 상식

나눗셈 기호는 누가 만들었을까?

나눗셈은 분수와 비슷해요. 분수가 똑같이 나눌 때 필요하듯이 나눗셈도 분수처럼 똑같이 나누려고 할 때 필요해요. 그래서 나눗셈을 분수로 만들 수도 있어요.

$$20 \div 5 = \frac{20}{5}$$

사실 나눗셈 기호도 원래 분수에서 나온 거예요. 분수의 모습을 본따 기호를 만들었지요. '÷'라는 나눗셈 기호는 스위스의 랩이란 수학자가 만들었다고 해요.
하지만 나눗셈 기호를 전 세계에서 공통적으로 사용하는 건 아니에요. 우리나라, 미국, 영국, 일본은 ÷ 기호를 사용하지만, 다른 나라는 나눗셈 기호 대신 분수를 사용하고 있어요.

나눗셈 대결

나는 친구랑 나눗셈 대결을 하기로 했어. 나눗셈은 곱셈이랑 반대잖아.
그래서 '곱셈과 나눗셈 연결하기' 게임을 하기로 한 거야.
나눗셈을 풀 때 필요한 곱셈끼리 서로 연결해 봐.

① $63 \div 7 = 9$ ㉠ $3 \times 9 = 27$
② $25 \div 5 = 5$ ㉡ $5 \times 5 = 25$
③ $27 \div 3 = 9$ ㉢ $7 \times 9 = 63$
④ $18 \div 9 = 2$ ㉣ $9 \times 2 = 18$

● 정답은 170쪽에 있어요

분수

피타고라스 할아버지의 음악 연주회

우리 옆집에는 참 이상한 할아버지가 살아. 얼마나 이상하냐면 가끔 이런 소리를 해.

"이 세상은 수로 이뤄졌다!"

맙소사! 세상은 물과 흙과 나무 같은 거로 이뤄졌잖아. 그런데 1, 2, 3, 4 같은 수로 이뤄졌다니! 동네 사람들은 할아버지에게 어떻게 그런 생각을 했냐고 물었어. 그러자 옆집 할아버지는 이런 대답을 했지.

"세상의 모든 것의 뿌리는 '수'입니다. 아직도 모르세요?"

소사, 소사, 맙소사! 뿌리는 땅 밑에 있는 거지, 왜 1, 2, 3, 4 같은 '수'가 뿌리냐고?

이 할아버지의 이름은 피타고라스야. 동네 사람들은 할아버지의 정신이 조금 이상하다고 생각했어. 공부를 너무 많이 해서 이상해졌다고 말이야.

내가 사는 곳은 그리스야. 지금은 기원전 521년이고, 내 이름은 아도니스야. 나이는 열 살.

피타고라스 할아버지는 잠자는 시간만 빼고 언제 어디서나 수학만 생각한대. 신기하지? 동네 사람들은 피타고라스 할아버지를 이상하게 생각하지만, 난 그런 엉뚱한 할아버지가 좋아.

우리 집은 대장간을 해. 마을 사람들이 농기구를 만들어 달라고 하면, 우리 아빠는 뚝딱뚝딱 쇠를 내리쳐서 농기구를 만들지. 우리 아빠는 힘이 아주 세거든.

오늘 아침에 피타고라스 할아버지가 대장간 앞을 자꾸 왔다 갔다 하는 거야.

"할아버지, 뭐 필요한 게 있으세요?"

우리 아빠가 물었어. 하지만 피타고라스 할아버지는 아무 말 없이 깊은 생각에 잠겨 있었지. 또 수학 생각을 하는 모양이었어.

뚝, 딱, 쿵, 딱, 뚝, 딱, 쿵…….

아빠는 열심히 쇠를 내리치고, 다듬었어. 그럴 때마다 피타고라스 할아버지도 손뼉을 짝짝 치고, 발을 쿵쿵 굴렀어. 아빠가 일하는 소리에 박자를 맞춰서 말이야.

"옳거니! 옳지! 바로 그거야!"

피타고라스 할아버지는 만세를 부르며 기뻐했어. 아빠와 나는 어리둥절한 표정으로 피타고라스 할아버지를 바라봤지.

"수학으로 음악을 만들 수 있어! 음악은 분수다!"

대체 무슨 소리일까? 피타고라스 할아버지는 얼른 집으로 달려갔어. 뭔가를 급히 해야 할 사람처럼 말이야. 나도 호기심에 할아버지 집으로 달려갔지.

피타고라스 할아버지는 하프를 들고 줄을 하나씩 튕겼어.

딩, 댕, 둥, 당, 동…….

줄을 튕길 때마다 서로 소리가 달랐어.

"할아버지, 뭐 하세요?"

"너희 아빠 덕분에 수학으로 음악을 만들 수 있을 것 같구나."

"그게 무슨 소리예요?"

"수학과 소리의 신기한 공통점을 찾아냈단다. 잘 들어 보렴. 줄의 길이에 따라서 소리의 높낮이가 달라진단다."

나는 할아버지가 시키는 대로 하프의 줄을 튕겨 봤어.

"아하! 이 줄을 튕기면 이런 소리가 나는구나."

"그렇다면 이 줄의 길이를 반으로 줄여서 튕겨 보고, 반의 반으로 줄여서 튕겨 보자."

피타고라스 할아버지는 줄의 길이에 따라 음의 높낮이를 비교했어.

"맞았어! 음악은 분수야!"

그렇게 외친 할아버지는 분수를 이용해 악보를 적었어. 분수가 도대체 무엇이기에 음악으로 만들 수 있다는 것일까?

"분수가 뭐예요?"

"분수는 전체를 부분으로 나눌 때 사용하지. 그래서 아주 까마득한 옛날부터 분수가 사용됐어. 식량을 구해 오면 여러 사람이 공평하게 나누어야 했으니까. 원시인들도 분수를 사용했을

지 몰라."

"아하, 물건을 나누는 거요?"

"그렇지. 아도니스야, 넌 빵을 좋아하지?"

"그럼요. 없어서 못 먹지요."

"자, 여기 빵이 있구나. 빵을 먹을 때, 똑같은 크기로 여러 조각으로 잘라서 먹었다면, 이것이 바로 분수야. 여기서 중요한 것은 똑같은 크기로 나눈다는 것이야."

$$분수 = \frac{분자(일부분의 수)}{분모(전체를 똑같이 나눈 수)}$$

"빵을 할아버지와 나 두 사람이 나눠 먹으려면 두 조각으로 나눠야 하잖아요. 그럴 때 분수는 어떻게 써요?"

"두 조각으로 똑같이 나눌 때는 $\frac{1}{2}$이라고 쓰고, '2분의 1'이라고 읽어. 세 조각은 $\frac{1}{3}$, 네 조각은 $\frac{1}{4}$이지. 아도니스야, 그

렇다면 이 세모난 빵을 네 조각으로 나누었다면, 이것은 분수라고 할 수 있을까?"

"아니요. 이건 크기가 똑같지 않잖아요. 공평하지 못해요!"
내가 불만 섞인 목소리로 소리쳤어.
"그렇지. 이건 분수가 아니란다."

"그렇다면 이 네모난 빵을 이렇게 네 조각으로 나누었다면, 이것은 분수라고 할 수 있을까?"
"아니요. 이것도 크기가 똑같지 않아요. 불공평하다고요!"
내가 인상을 쓰며 소리쳤어.
"그렇지. 이것도 분수가 아니지. 이렇게 나눈 것은 분수가 아니야. 전체를 똑같이 나눠야 분수가 될 수 있어."
"그러면 할아버지, 빵 하나를 똑같이 나누는 게 아니라 딸기 여러 개를 똑같은 개수로 나누는 것도 분수예요?"
"물론이지. 똑같이 나누면 다 분수란다. 여기 딸기가 12개 있구나. 이것을 세 사람이 똑같이 나눠 먹으려고 해. 그러면 공평하게 4개씩 나누면 되겠지?"

"네, 그러면 한 명이 4개씩 먹을 수 있어요!"

"이것을 분수로 나타나면 12의 $\frac{1}{3}$은 4라고 해."

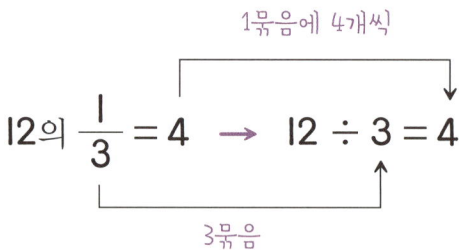

"아하, 그렇구나. 그런데 음악이 왜 분수예요?"

나는 궁금한 걸 물었어. 난 궁금한 건 못 참거든. 할아버지는 컵을 여러 개 가져와 물을 담았어.

"컵에 물을 담을 때에도 분수로 담을 수 있어. 물을 가득 담았을 때를 1이라고 한다면, 절반을 담았을 때는 $\frac{1}{2}$, 반의 반을 담았을 때는 $\frac{1}{4}$이야. 물의 양에 따라 $\frac{2}{3}$도 만들 수 있고, $\frac{3}{4}$도 만들 수 있어."

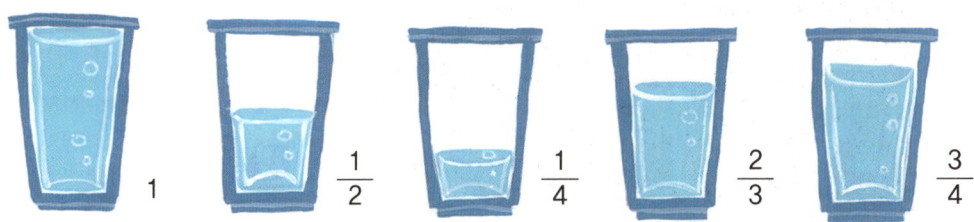

"이렇게 컵 여러 개에 물을 다르게 담고, 막대로 컵을 하나씩 두드려 봐. 컵에서 나는 소리가 다를 거야."

나는 할아버지가 시키는 대로 컵을 두드려 봤어. 그러자 놀랍게도 모두 다른 소리가 났어!

"하프도 마찬가지야. 줄의 길이에 따라 소리가 다르게 나지. 처음 줄의 소리를 1이라고 하고, 줄을 $\frac{1}{2}$로 줄이면 8도 높은 소리가 나고, $\frac{3}{4}$으로 줄이면 4도 높은 소리가 나. 또 $\frac{2}{3}$로 줄이면 5도 높은 소리가 나. 줄의 길이가 짧을수록 높은 소리가 나는 거야. 그런데 처음 소리와 $\frac{2}{3}$로 줄인 소리는 아주 잘 어울리는구나."

피타고라스 할아버지는 처음 소리를 '도'로 정했어. 그리고 줄의 길이를 $\frac{2}{3}$로 줄였을 때는 '도'보다 5도 높은 '솔' 소리가 난다고 했어.

"'도'와 '솔'은 아주 잘 어울리는 조화음이로구나. 또 줄의 길이를 $\frac{1}{2}$로 줄이면 '도'보다 8도 높은 소리가 나는데, 이 소리는

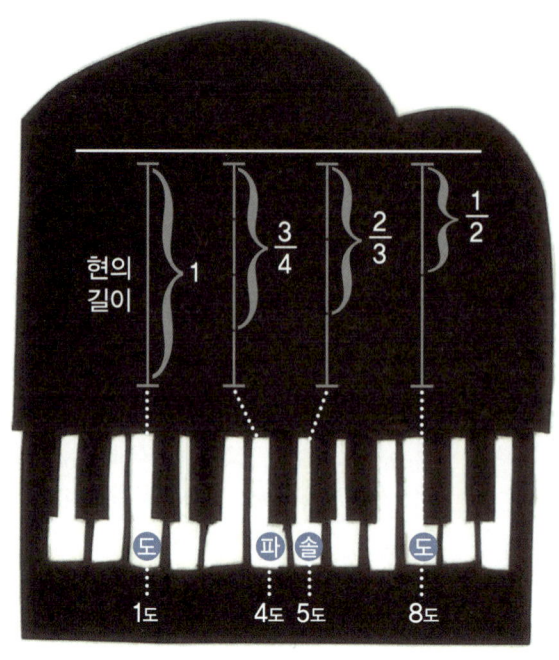

한 옥타브 위인 '도'가 되는 거야."

그날부터 피타고라스 할아버지는 날마다 하프를 튕기며 분수로 악보를 썼어. 난 수학으로 음악을 만들 수 있다는 게 신기하고 놀라워서 날마다 할아버지를 찾아갔지.

그런데 아침부터 대장간이 소란스러웠어. 대장간에 온 손님하고 아빠하고 의견이 맞지 않아 티격태격하는 거야.

"내가 $\frac{1}{2}$ 크기로 손잡이를 만들어 달라고 했잖아요? 앞부분은 $\frac{1}{3}$로 해 주고요. 이게 $\frac{1}{2}$입니까? 이게 $\frac{1}{3}$이에요?"

손님이 아빠에게 불만 섞인 목소리로 말했어.

"전 제대로 만들었습니다. $\frac{1}{2}$과 $\frac{1}{3}$ 중에서 어떤 것이 더 큰지나 아세요?"

아빠가 묻자 손님은 말문이 막혔는지 말을 못했어. 나도 $\frac{1}{2}$과 $\frac{1}{3}$ 중에서 어떤 것이 더 큰지 알 수 없었어. 이럴 때에는 피타고라스 할아버지에게 도와 달라고 하는 게 제일 좋다고 생각했어. 나는 얼른 옆집으로 달려가 할아버지를 모셔 왔지.

"$\frac{1}{2}$과 $\frac{1}{3}$의 크기를 비교해 달라는 말이로군요. 허허허, 그건 정말 쉽지요. 그림을 그려 보면 쉽게 알 수 있어요."

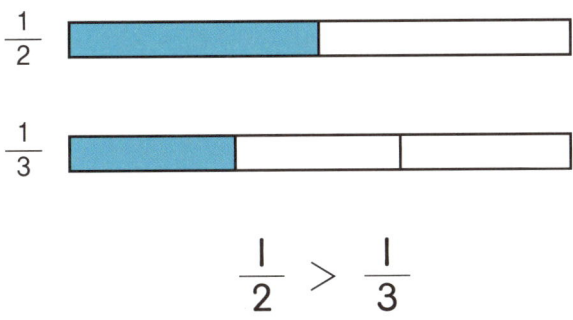

"자, 그림을 잘 보세요. $\frac{1}{2}$은 전체를 2로 나눈 것 중 1이에요. $\frac{1}{3}$은 전체를 3으로 나눈 것 중에 1이고요. 그러니까 $\frac{1}{2}$이 당연히 크지요."

"이것 보시오. 내가 만든 도구가 맞지 않소?"

65

아빠가 기세등등하게 손님에게 말했어. 그러자 손님이 얼굴을 붉히면서 미안하다고 사과했지. 피타고라스 할아버지는 하나 더 우리에게 알려 줬어.

"전체를 많이 나누면 나눌수록 1개의 크기는 작아진다는 것을 알 수 있어요. 그러면 $\frac{1}{10}$이 더 클까요? $\frac{1}{100}$이 더 클까요? 자연수에서는 100이 10보다 더 크지만, 분수에서는 $\frac{1}{10}$이 $\frac{1}{100}$보다 더 큽니다."

"아하, 분자가 1인 분수를 비교할 때에는 분모가 크면 작은 거네요. 반대로, 분모가 작으면 큰 분수지요?"

"그렇지. 우리 아도니스는 하나를 가르쳐 주면 둘을 아는구나."

피타고라스 할아버지는 나를 칭찬했어.

그날 저녁, 피타고라스 할아버지는 광장에서 마을 사람들을 모아 놓고 연주회를 열었어. 할아버지가 분수의 원리를 이용해 만든 여러 가지 악기가 등장했어.

할아버지는 현악기를 만들어 울리기도 하고, 여러 개의 종을 만들어 치기도 했지. 나도 할아버지를 도와 연주를 했어. 사람들의 박수 소리가 쏟아졌어.

"정신이 이상한 할아버지인 줄 알았는데, 놀라운 수학자였군."

"대단해. 세상 사람들이 깜짝 놀라겠어!"

너희도 이제 알겠지? 수학을 이용하면 세상에서 가장 정확한 음정을 만들어 낼 수 있다는 것을!

분수란 무엇일까?

분수는 수를 나누기 위해 써요. 전체 가운데 얼마만큼의 부분을 차지하는지 나타내지요. 분수는 까마득한 옛날부터 사용했어요. 물건을 공평하게 나누기 위해 꼭 필요한 계산법이 분수였으니까요.
여기 귤 12개가 있어요. 이걸 4명이 나눠 먹으려면 어떻게 해야 할까요?

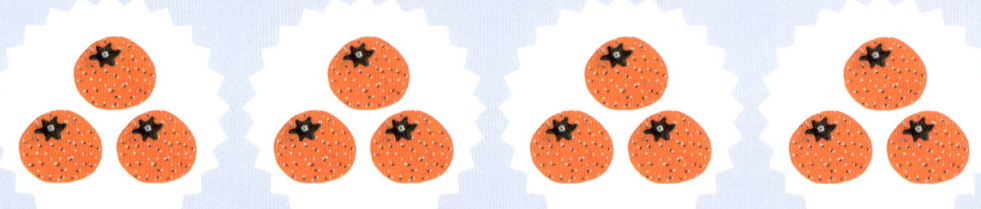

3개씩 나눠 주면 모두에게 공평하게 돌아가요. 즉 3개씩 한 묶음으로 4묶음이 나오는 거예요. 4묶음 중 하나는 $\frac{1}{4}$로, 이를 식으로 쓰면 다음과 같아요.

$$12의 \frac{1}{4} = 3$$ ← '12의 4분의 1은 3'이라고 읽는다

만약 4묶음 중 2묶음을 먹었으면 12개의 $\frac{2}{4}$, 즉 6개를 먹은 거예요.

$$12의 \frac{2}{4} = 6$$ ← '12의 4분의 2는 6'이라고 읽는다

분수의 크기 비교하기

여기 피자 두 판이 있어요. 첫 번째 피자는 6명이 나눠 먹었어요. 두 번째 피자는 8명이 나눠 먹었어요. 누가 피자를 더 많이 먹었을까요?

자, 피자의 크기를 비교해 보세요.

$\frac{1}{6}$ 피자 한 조각이 $\frac{1}{8}$ 피자 한 조각보다 더 크지요?

그러므로 분자가 똑같이 '1'일 때는 분모가 작은 분수가 더 커요.

그렇다면 만약 분모가 똑같은 경우는 어떨까요?

이때는 분자가 큰 분수가 더 커요.

$$\frac{1}{8} < \frac{3}{8}$$

플러스 상식

욕심을 버리게 하는 술잔, 계영배

우리 선조들의 지혜가 담긴 계영배라는 술잔이 있어요. 이 술잔은 $\frac{2}{3}$ 정도만 따르면 술이 그대로 있지만, 술잔 가득 술을 따르면 술이 금세 사라져 버려요. 욕심을 경계해야 한다는 뜻에서 만들어진 술잔이지요. 계영배는 술잔과 밑받침으로 이루어져 있는데 그 단면을 보면 원리를 알 수 있어요. 술잔 중간에 속이 빈 기둥이 있는데, 기둥 한쪽에 구멍이 뚫려 있고, 구부러진 관이 밑받침으로 이어져 있어요. 그래서 술이 기둥 안의 관 꼭대기까지 차지 않으면 그대로 있지만 술잔 가득 차면 관을 따라 아래쪽 밑받침으로 모두 흘러 내리게 돼요.

$\frac{2}{3}$ 만 따르면 술잔에 술이 그대로 있다.

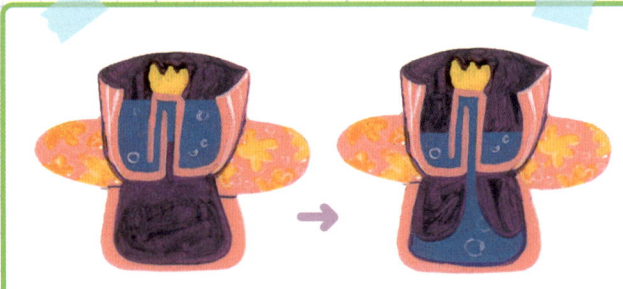

술잔 가득 따르면 술잔의 술이 관을 따라 아래로 새어 나간다.

피타고라스 할아버지와 오렌지 따기

아도니스는 피타고라스 할아버지와 함께 오렌지를 따러 갔어요. 둘은 28개를 땄어요. 아도니스는 그중에서 $\frac{1}{7}$ 을 가지고, 남은 오렌지의 $\frac{3}{8}$ 을 피타고라스 할아버지에게 주었어요. 남은 오렌지는 모두 몇 개일까요?

● 정답은 171쪽에 있어요

소수
내 몸속에 소수가 산다

너희는 꿈이 뭐니? 난 아이돌 가수가 되는 게 꿈이야. 늘씬한 몸매로 화려한 무대에 올라가 조명을 받으면서 춤을 추고 노래를 하는 거지. 내 인기는 하늘을 찌르겠지? 나를 보려고 수많은 사람들이 몰려올 거야. 오호호호! 상상만 해도 기분이 좋아.

하지만 꿈은 현실이랑 조금 다르잖아. 사실 난 그렇게 노래를 잘하는 편이 아니야. 내가 춤을 추면 나무때기가 왔다 갔다 한대. 더구나 내 몸매는 으악!

그렇지만 난 옷으로 몸매를 잘 가리고 다니지. 우리 엄마한테 배운 건데, 난 이런 재능이 탁월한 것 같아.

그런데 마른하늘에 날벼락이 떨어졌지 뭐야? 아침에 학교에 가니까 담임선생님께서 그러시는 거야.

"여러분, 내일 신체검사를 할 예정입니다. 여러분의 튼튼하고 건강한 신체를 위해 몸무게, 키, 시력 등을 다 검사할 거예요."

으악! 내 몸무게를 우리 반 아이들에게 모두 공개해야 한단 말이야? 나처럼 키가 작고 통통한 여자아이의 몸무게와 키를 공개한다는 건 말도 안 돼! 친구들이 내 몸무게와 키를 알게 되면 어떻게 될까? 특히 혁재 같은 장난꾸러기는 날 얼마나 놀릴까? 난 창피해서 학교에 얼굴을 들고 다닐 수 없을 거야.

나는 즉시 살을 빼기로 결심했어. 아무것도 안 먹겠다고 마음먹었지. 그날 저녁 엄마가 말했어.

"진주야, 저녁 먹어라."

"안 먹을래요. 배불러요."

"네가 좋아하는 닭볶음탕인데?"

"닭볶음탕이라고요? 꿀꺽. 그래도 안 먹을래요."

난 귀를 틀어막았어. 엄마는 고개를 갸웃거리면서 방문을 닫았어. 조금 뒤 아빠가 불렀어.

"진주야, 아이스크림 먹을래?"

"아이스크림이요? 꿀꺼억. 안 먹을래요."

"네가 좋아하는 구름과 함께 사라지는 맛인데?"

으흐, 난 침이 입안 가득 고였어. 아빠는 아이스크림을 한입 크게 먹으면서 날 바라봤어. 난 도저히 참을 수 없었지. 난 정신이 반쯤 나가서 폭풍처럼 먹기 시작했어. 닭볶음탕과 잡채, 볶음밥과

된장찌개, 아이스크림과 크림빵까지 배가 남산만큼 나올 정도로 닥치는 대로 먹어 치웠지.

아, 배가 부르자 다시 후회가 몰려들기 시작했어. 아이돌 가수가 되겠다는 꿈은 영영 사라지고, 학교에서 뚱보라고 놀림당할 가련한 여자아이만 남게 됐지.

"흑흑흑."

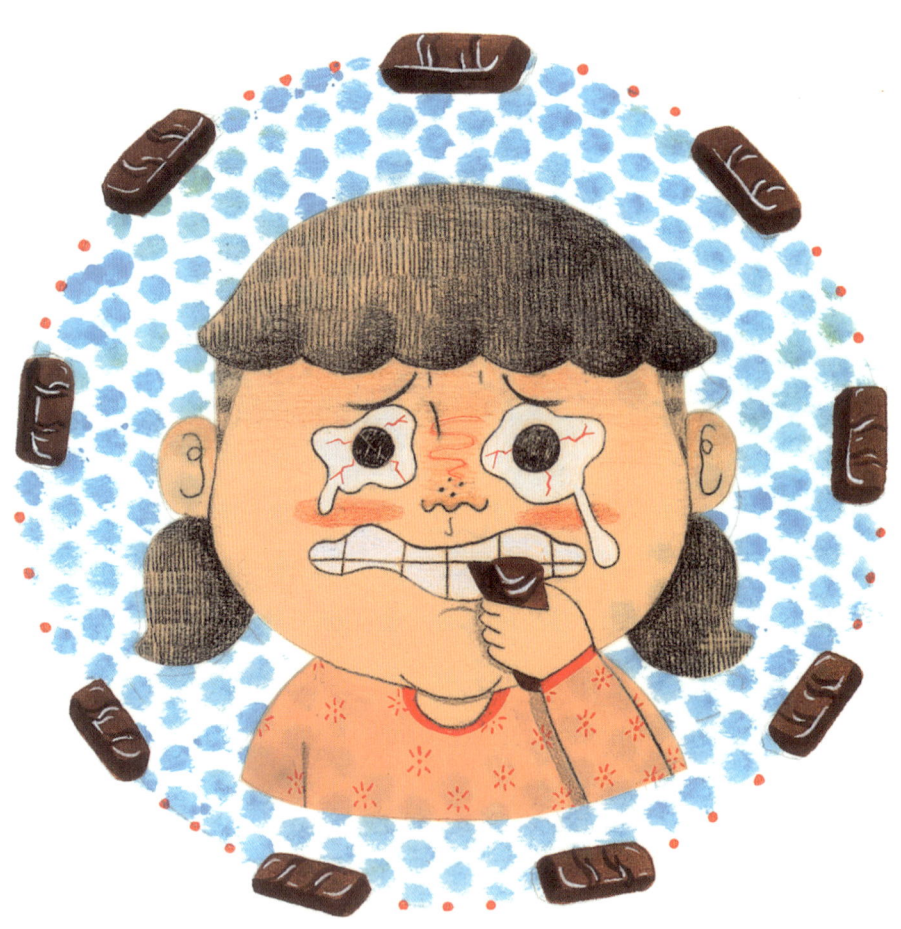

난 내 방에서 울기 시작했어. 눈물이 멈추지 않았어. 계속 우니까 또 배가 고파져서 서랍 안에 있던 초코바를 꺼내 먹으면서 또 울었어.

똑똑똑.

누군가 문을 두드렸어. 대학생 이모였어. 난 이모랑 무척 친해. 엄마 아빠에게 얘기하지 않는 깊은 고민도 다 얘기하는 편이지. 이모는 내게 왜 우느냐고 물었어. 난 신체검사가 두려워서 운다고 말했지.

"난 우리 진주가 뚱뚱하다고 보지 않는데?"

이모가 말했어.

"아니야. 난 엄청 뚱뚱해. 이 살 좀 봐."

"진주야, 이모가 비만도 측정을 해 줄까?"

"비만도 측정? 그게 뭐야?"

나는 눈을 동그랗게 뜨고 이모에게 물었어.

"얼마나 뚱뚱한지 측정하는 건데, 체질량지수(BMI) 측정법이라고도 해."

"무슨 기계로 하는 거야? 아픈 거 아니지?"

난 두려운 눈으로 물었어.

"아니야. 수학으로 하는 거야."

수학으로 내가 뚱뚱한 걸 알아낼 수 있다니! 참으로 신기하고 놀랍지 뭐야!

"비만도 측정은 체중(kg)을 키(m)의 제곱으로 나눈 값이야. 아 참, 제곱이 뭔지 모르겠구나? 제곱은 두 번 곱하는 거야. 이모는 키가 160.3센티미터, 체중 55.2킬로그램이거든. 그래서 이모의 BMI는 21.5 정도 돼."

"그러면 뚱뚱한 거야?"

"아주 정상이야. BMI가 18.5 미만이면 저체중, 18.5~22.9는 정상, 23 이상이면 과체중, 25~30은 경도 비만, 30 이상은 중등도 비만 등으로 구분하거든."

"아하!"

나는 얼른 줄자와 체중계를 가져왔어.

"진주 몸무게는 43.2킬로그램, 키는 145.4센티미터구나."

"그런데 이모, 아까부터 자꾸 점, 점, 하는데 점이 뭐야? 점이 어디 있는 거야?"

"점이라니?"

"43 점 2, 145 점 4라고 했잖아."

"아하! 소수점 말하는 거구나!"

이모가 호호호 하고 웃음을 터뜨렸어.

"우리 몸에는 소수가 살아. 신체검사를 하면 우리 몸에 사는 소수를 만나게 되지."

난 무슨 말인지 몰라 고개를 갸웃거렸어.

"아주 오래전 사람들은 이런 고민을 했어. '1보다 작은 수는 어떻게 써야 할까?' 그래서 만들어 낸 수가 분수와 소수야. 그래서 분수와 소수는 닮았어. 분수를 십진법에 맞게 나타낸 수가 소수야. 소수와 분수가 다른 점은 소수에는 점이 있다는 거지. 이 점을 소수점이라고 해. 전체를 10으로 나눈 것 중의 하나를 그림으로 그려 볼까?"

이모는 종이에 그림을 그리며 가르쳐 줬어.

"자, 이렇게 전체를 똑같이 10으로 나눈 것 중의 하나를 분수로 나타내면 $\frac{1}{10}$이 되지? 이걸 소수로 쓰면 0.1이 되는 거야. '영 점 일'이라고 읽지."

$$\frac{1}{10} = 0.1$$

"0과 1 사이에 있는 수를 나타낼 때 소수를 쓴다는 거지? 1보다 작은 수가 소수라는 거지?"

"그렇지, 바로 그거야. 이렇게 분수를 소수로 바꿀 수 있어. 또 소수도 분수로 바꿀 수 있지. 진주야, 잘 살펴봐. 분수와 소수 사이에 공통점이 있지 않니?"

"있어! 0의 개수가 같아."

$$\frac{1}{10} = 0.1 \quad \leftarrow 0\text{이 1개}$$

$$\frac{1}{100} = 0.01 \quad \leftarrow 0\text{이 2개}$$

$$\frac{1}{1000} = 0.001 \quad \leftarrow 0\text{이 3개}$$

$$\frac{1}{10000} = 0.0001 \quad \leftarrow 0\text{이 4개}$$

"그렇지! 맞았어. 0의 개수가 같아. 그래서 소수를 분수로 바꾸기가 쉬워."

"그러면 이모, 소수점은 뭐야?"

"9.7이 있다고 해 보자. 여기서 9와 7 사이에 있는 점이 소수점이야. 소수점은 1보다 큰 부분과 1보다 작은 부분을 구분해 줘."

소수점

"아하, 그런 거였구나."

"소수를 알려면 먼저 소수의 자릿값을 알아야 해. 일단 자연수의 자릿값부터 알아볼까?

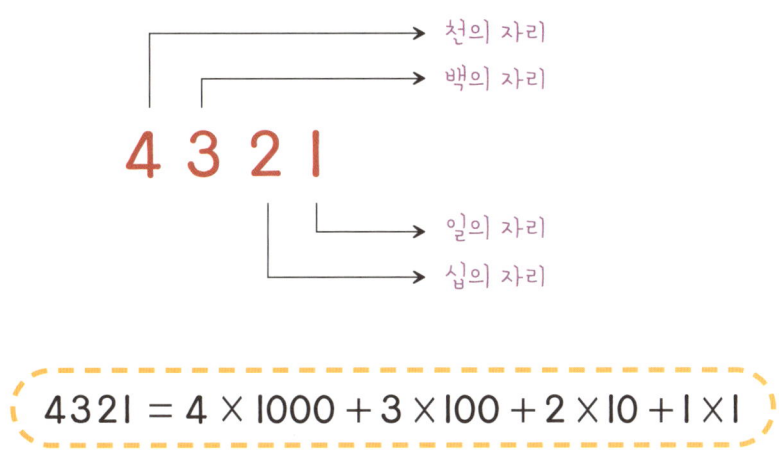

"자연수는 오른쪽으로 한 자리씩 내려갈 때마다 자릿값이 $\frac{1}{10}$씩 줄어들어. 소수도 마찬가지야. 소수점 아래로 한 자리씩 내려갈 때마다 자릿값이 $\frac{1}{10}$씩 줄어들어."

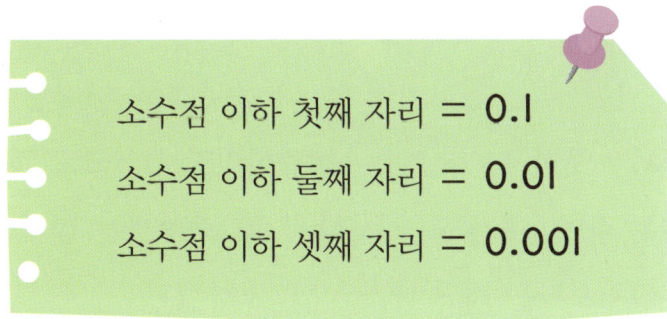

"이런 원리를 이용해 0.4321을 자연수의 자릿값처럼 나타내 보면 다음과 같아."

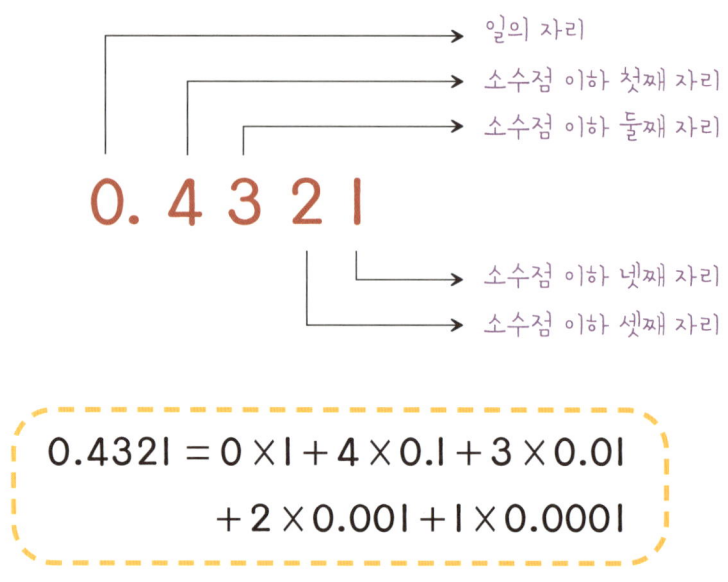

"좀 어렵네!"
난 웃으면서 머리를 긁었어.
"그런데 이모, 왜 아까 우리 몸에 소수가 산다고 했어?"
"키나 몸무게, 시력 등을 잴 때 소수가 없으면 몹시 불편할 거야. '내 키는 145.4센티미터야. 내 몸무게는 43.2킬로그램이야.'라고 말 못하고, '내 키는 145센티미터보다 크고 146센티미터보다는 작아. 내 몸무게는 43킬로그램보다는 많이 나가고, 44킬로그램보다는 적게 나가.'라고 말하겠지."

"와, 그래. 많이 불편하겠다. 그래서 키나 몸무게 등을 측정할 때에는 소수를 쓰는 거구나. 정확하게 나타내려고."

이모는 스마트폰으로 내 키와 몸무게로 비만도를 측정했어.

"BMI가 20.4 정도 나왔으니까 우리 진주는 완전히 정상이네!"

"와, 난 뚱보가 아니었어!"

난 하늘을 날아오를 만큼 몸이 가벼워지는 것 같았어. 난 거울을 보며 춤을 추고 노래를 했어. 멋진 아이돌 가수처럼 말이야. 이제 내일 신체검사도 문제없다고!

동화 속 수학

소수란 무엇일까?

여러분은 지금까지 1, 2, 3 같은 수를 배웠어요. 그런데 1보다 작은 수는 어떻게 써야 할까요?

1보다 작은 수를 쓰기 위해 만들어 낸 수가 분수와 소수예요. 소수와 분수가 다른 점은 소수에는 점이 있다는 것이지요. 이 점을 소수점이라고 해요.

$$6.2 \quad \text{— 소수점}$$

여기에 막대과자가 있어요. 전체 길이를 1이라고 해 봐요. 이 막대과자를 10조각으로 나누면, 한 조각은 분수와 소수로 다음처럼 나타낼 수 있어요.

$$\frac{1}{10} = 0.1$$

$\frac{2}{10}$, $\frac{3}{10}$, $\frac{4}{10}$ 도 소수로 바꿔 볼까요?

$$\frac{2}{10} = 0.2 \qquad \frac{3}{10} = 0.3 \qquad \frac{4}{10} = 0.4$$

소수의 비교

0.6과 0.8은 모두 소수예요. 어떤 소수가 더 클까요?
0.6은 0.1이 6개, 0.8은 0.1이 8개 모여 있다는 뜻이에요.
0.8은 0.6보다 0.1이 두 개 만큼 더 있지요.

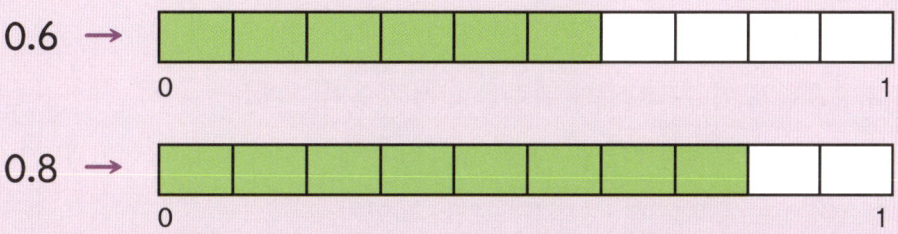

1보다 큰 소수도 있어요. 1.3은 1보다 0.3이 더 크지요.

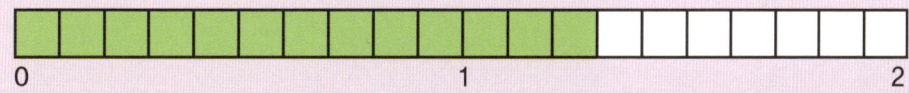

$$1.3 = 1 + 0.3 \rightarrow 1 < 1.3$$

그렇다면 2.3과 3.5는 어느 소수가 더 클까요? 2.3은 2보다 0.3이 더 큰 것이고, 3.5는 3보다 0.5가 더 큰 수예요. 어떻게 해도 3이 2보다 큰 수이기 때문에 이럴 때는 항상 소수점 앞의 수가 큰 수가 더 커요.

$$2.3 < 3.5$$

플러스 상식

분수와 소수 중 뭐가 먼저였을까?

분수는 소수보다 훨씬 먼저 태어났어요. 분수가 사용되기 시작한 지 3000년이 지나서야 사람들은 소수를 사용하기 시작했지요.

왜 그랬을까요? 분수는 물건을 나눌 때 많이 사용하고, 소수는 정확하게 측정을 할 때 주로 사용해요. 그런데 옛날 사람들은 물건을 나누는 것을 더 중요하게 여겼기 때문에 분수를 먼저 사용한 거예요.

최근 인류는 디지털 혁명을 맞았어요. 10여 년 사이에 컴퓨터와 인터넷이 없으면 일도 공부도 할 수 없을 정도가 되었지요.

디지털 시대가 되면서 수의 세계에도 변화가 생겼어요. 요즘 사람들은 분수보다 소수를 훨씬 많이 사용해요. 요즘은 물건을 정확히 측정하는 일이 더 중요해졌기 때문이에요. 특히 전자계산기를 많이 쓰는데, 전자계산기에서는 분수가 아닌 소수를 사용해요.

흔히 사용하는 아날로그 시계와 디지털 시계를 비교해 봐도 그 차이를 알 수 있어요. 디지털 시계는 몇 분 몇 초를 소수로 나타내지만, 아날로그 시계는 분수에 가까워요. 60분을 기준으로 분침이 $\frac{1}{4}$이 지났으면 15분, $\frac{1}{2}$이 지났으면 30분이에요.

아빠 발은 내 발보다 얼마나 클까?

아빠의 발 크기는 265mm이고, 내 발 크기는 152mm예요.

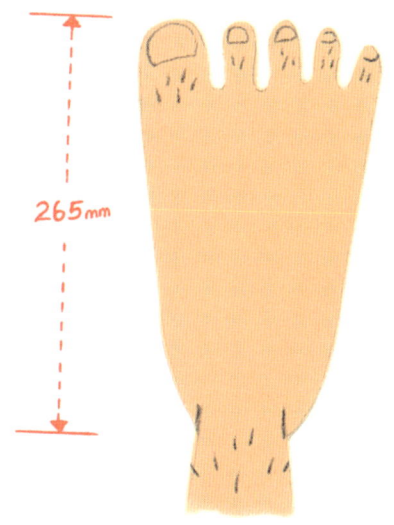 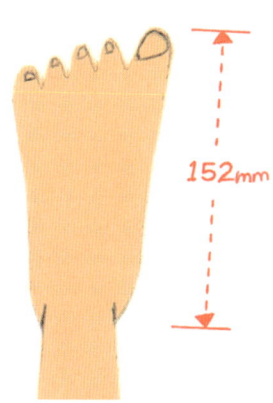

① 아빠의 발은 몇 cm인지 소수로 나타내 보세요.

② 내 발은 몇 cm인지 소수로 나타내 보세요.

③ 두 사람의 발 크기를 합하면 몇 cm인지 소수로 나타내 보세요.

④ 아빠 발은 내 발보다 몇 cm 큰지 소수로 나타내 보세요.

● 정답은 171쪽에 있어요

대별왕과 소별왕

평면 도형

아주 오래전 까마득하게 먼 옛날, 세상은 시루떡처럼 네모난 모습이었대. 땅도 하늘도 찰싹 달라붙어서 구분이 없었다지.

그런데 어느 순간엔가 세상 북쪽에서부터 금이 가기 시작해서 하늘과 땅이 쩍 갈라지게 됐다지 뭐야. 그 사이로 풀이 나고, 물이 흐르고, 산과 들이 생겨났지. 하지만 이때까지만 해도 세상은 해도 없고 달도 없어 캄캄하기 그지없었어.

그러던 어느 날의 일이야. 바닷속에서 거대한 새가 툭 튀어나왔는데, 글쎄 이 새의 이글거리는 눈 두 개는 해가 되고, 날카로운 발톱 두 개는 달이 됐다지 뭐니.

사람들은 밝은 해와 달이 생기니 좋았어. 하지만 이글거리는 해가 두 개니 뜨거워서 살 수가 있나. 밤이 되어도 시린 달이 두 개니 추워서 살 수가 있나.

"하늘에 해가 둘이고, 달이 두 개니 근심스럽구나."

땅의 임금님은 근심 어린 목소리로 말했어. 그러자 늠름한 청년인 대별왕이 임금님을 찾아왔어. 대별왕은 매우 지혜롭고 듬직한 청년이었지. 그는 직접 나서서 해 하나를 없애겠다고 했어.

"정말 그 일을 할 수 있겠느냐?"

"예, 천 근짜리 활과 백 근짜리 화살만 준비해 주십시오."

"오오, 네가 해를 하나 없애 준다면 원하는 걸 모두 주겠노라."

그 말을 들은 대별왕의 동생 소별왕은 질투가 났어. 소별왕은 마음이 좁고, 질투심이 많았지. 소별왕은 대별왕만 큰 상을 받을까 봐 샘이 나서 자기도 달덩이 한 개를 쏘아 없애겠다고 했어.

"부디 너희가 우리의 근심을 없애 다오."

임금님은 대별왕과 소별왕에게 활과 화살을 준비해 주었어.

먼저 대별왕이 높은 산으로 올라가 활을 쏘았어. 화살은 정확히 두 번째 햇덩이를 꿰뚫었어. 그러자 햇덩이가 강한 빛을 잃고 땅 끝으로 떨어지고 말았지. 이글이글 뜨거워서 올려다볼 수도 없었던 하늘이 따사롭고 포근하게 바뀌었어.

소별왕도 질 수 없었지. 소별왕은 바다 건너에서 떠오르는 달덩이를 활로 쏘았어. 소별왕의 화살도 달덩이 하나를 정확히 꿰뚫었지. 달덩이는 서쪽 하늘로 나가떨어져 초저녁 개밥바라기 별이 되고 말았단다.

해가 하나, 달도 하나가 되고 나니 세상은 비로소 세상다워졌지. 사람들은 물론이고 풀과 나무 짐승도 모두 살기 좋아서 덩실덩실 춤을 추었어.

자, 이제 큰 공을 세운 두 청년에게 상을 내려야지. 임금님은 둘에게 원하는 만큼의 땅을 주겠다고 했어.

"이제 너희에게 상을 주려고 한다. 너희가 원하는 만큼의 땅의 크기를 평면 도형으로 표시하여라."

그 말을 들은 소별왕은 눈을 부릅떴어. 동그라미나 세모, 네모는 들어 봤어도 평면 도형은 처음 들어 봤거든. 소별왕은 어떤 게 평면 도형인지 몰라서 조마조마했지. 형이 자기보다 좋은 땅을 많이 차지하는 건 아닐까 걱정이 되어 평면 도형에 대해 물었어.

대별왕의 말을 들은 소별왕은 옳거니 하고 너른 들판으로 달려갔어. 어떤 도형이든 그리고 싶은 도형을 그리면 된다잖아. 소별왕은 대별왕보다 커다란 평면 도형을 그리려고 했지.

'형님은 들판에다가 어떤 모양의 도형을 그릴까?'

궁금해진 소별왕은 대별왕에게 슬그머니 다가가 물었어.

"형님, 형님은 어떤 평면 도형을 그릴 거요?"

"나는 직각을 가진 도형을 그릴 거다."

"직각요?"

소별왕은 직각을 이루는 도형에는 뭐가 있는지 고민했어. 번뜩 생각난 게 바로 삼각형이었어. 한 각이 직각을 이루고 있는 삼각형은 모두 직각 삼각형이잖아. 소별왕은 땅에 작은 직각 삼각형을 몇 개 그려 보더니, 들판에다가 어마어마하게 큰 직각 삼각형을 그렸어.

한편, 대별왕도 들판에다 자기가 갖고 싶은 크기만큼의 땅을 그렸어. 대별왕은 모서리가 모두 직각인 직각 사각형을 그리기로 했지. 대별왕은 쭉쭉 직각 사각형을 그렸어.

"원하는 만큼의 땅

을 모두 그렸느냐?"

임금님이 묻자 대별왕과 소별왕 모두 "예." 하고 대답했어.

임금님은 그 땅을 둘에게 주겠노라고 말했어. 그런데 이게 웬일이야. 막상 땅을 받고 보니 대별왕의 땅이 소별왕의 땅보다 두 배는 크잖아.

"나는 좁디좁은 땅을 차지하고, 형님만 큰 땅을 차지하다니. 이건 불공평해!"

소별왕은 분해서 발을 동동 굴렀어. 하지만 이미 결정 난 일을

되돌릴 수도 없는 노릇이었지.

아무리 생각해도 너무 분했던 소별왕은 한 가지 꾀를 냈어.

"형님, 내가 문제를 하나 낼 테니 맞혀 보시오. 만약 형님이 문제를 맞힌다면 내 땅을 형님에게 주겠소. 하지만 형님이 틀린다면 형님의 땅을 내가 가질 테요."

욕심 없는 대별왕은 좋다고 했어.

"자, 잘 들어 보시오. 어째서 동백나무 이파리는 겨울이 되어도 떨어지지 않는 걸까요?"

대별왕이 대답했지.

"동백나무는 속이 꽉 차 있어 그렇지."

"하지만 대나무는 속이 텅텅 비었는데도 겨울에 푸른 이파리를 피우잖소."

대별왕이 또 대답했지.

"비록 속은 비었지만, 마디는 꽉 찼으니 그렇지."

대별왕의 재치 있는 대답에 소별왕은 말문이 막혔어.

"그럼 산 아래는 풀이 많은데, 산 위에는 풀이 없는 이유가 무엇이오?"

"빗물이 산 위에서 아래로 흐르니 아래만 윤기 흘러 그렇지."

"그럼 어째서 사람의 머리털은 위에만 나는 것이오?"

"그건……."

대별왕이 잠시 고민했어. 소별왕은 옳다구나 했지. 그런데 대별왕이 대답을 하는 게 아니겠어?

"그건 사람의 몸이 어머니 뱃속에서 나올 때 발부터 나오는 게 아니라 머리부터 나오니까 그렇지. 머리가 아래고, 발이 위인 거지."

소별왕은 또 말문이 막혔어. 결국 형의 땅을 가로채려던 소별왕은 도리어 자기 땅을 내놓아야만 했지. 이런 걸 혹 떼러 갔다가 혹 붙인다고 하지?

동화 속 수학

평면 도형과 직각

평면 도형은 한 면만 보이는 도형이에요. 입체 도형은 사방의 면이 모두 보이는 도형이지요. 우유 곽이나 병은 여러 면이 보이니까 입체 도형이에요. 세모와 네모는 한 면만 보이니까 평면 도형이지요.

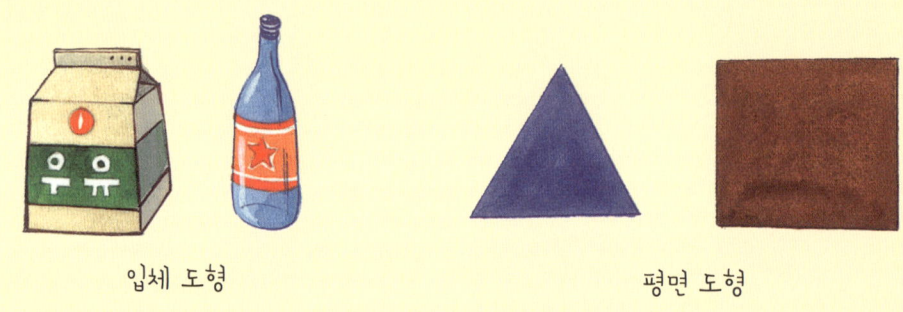

입체 도형   평면 도형

그리고 한 점에서 그은 두 직선으로 이루어진 도형을 각이라고 해요. 책 모서리, 종이 상자 모서리에는 모두 각이 있어요. 이때, 두 직선이 만나서 90도의 각을 이루면 직각이라고 해요.

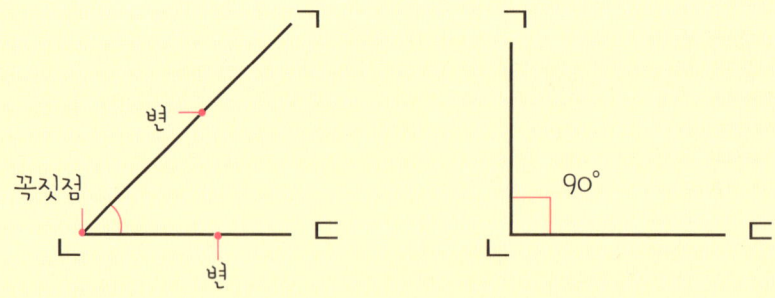

직각 삼각형과 직각 사각형

삼각형의 한 각이 직각을 이루고 있는 삼각형은 모두
직각 삼각형이에요. 크기나 모양은 상관없어요. 한 각만 직각을
이룬 삼각형이면 직각 삼각형이에요.

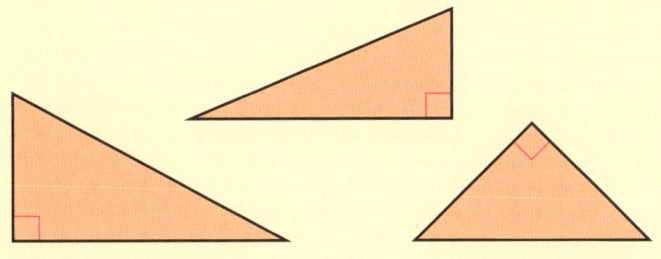

사각형에는 각이 4개가 있어요. 사각형의 네 각이 모두 직각이면
직각 사각형이라고 불러요. 줄여서 직사각형이라고 하지요.
특히 직사각형 중, 네 변의 길이가 모두 같은 사각형을
정사각형이라고 해요.

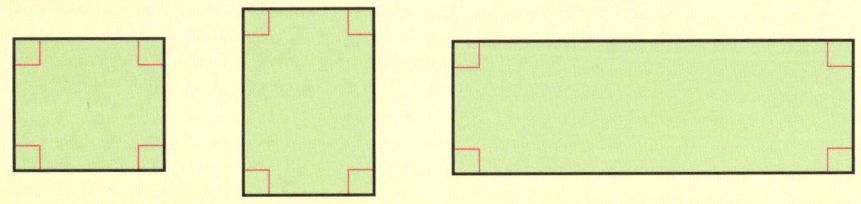

95

도형 밀고 당기기

도형을 옆으로 밀거나 위아래로 옮길 수 있어요. 도형을 위아래, 옆으로 옮겨 가면서 모양이 어떻게 변하는지 살펴보세요. 참고로 도형을 다른 모눈종이에 옮길 때는 도형의 꼭짓점이 모눈종이의 어디에 있는지 정확히 확인한 뒤, 각 꼭짓점에 점을 찍고 꼭짓점을 선으로 연결해요.

도형을 왼쪽, 오른쪽, 위쪽, 아래쪽으로 밀었을 때는 모양은 달라지지 않고 위치만 변해요.

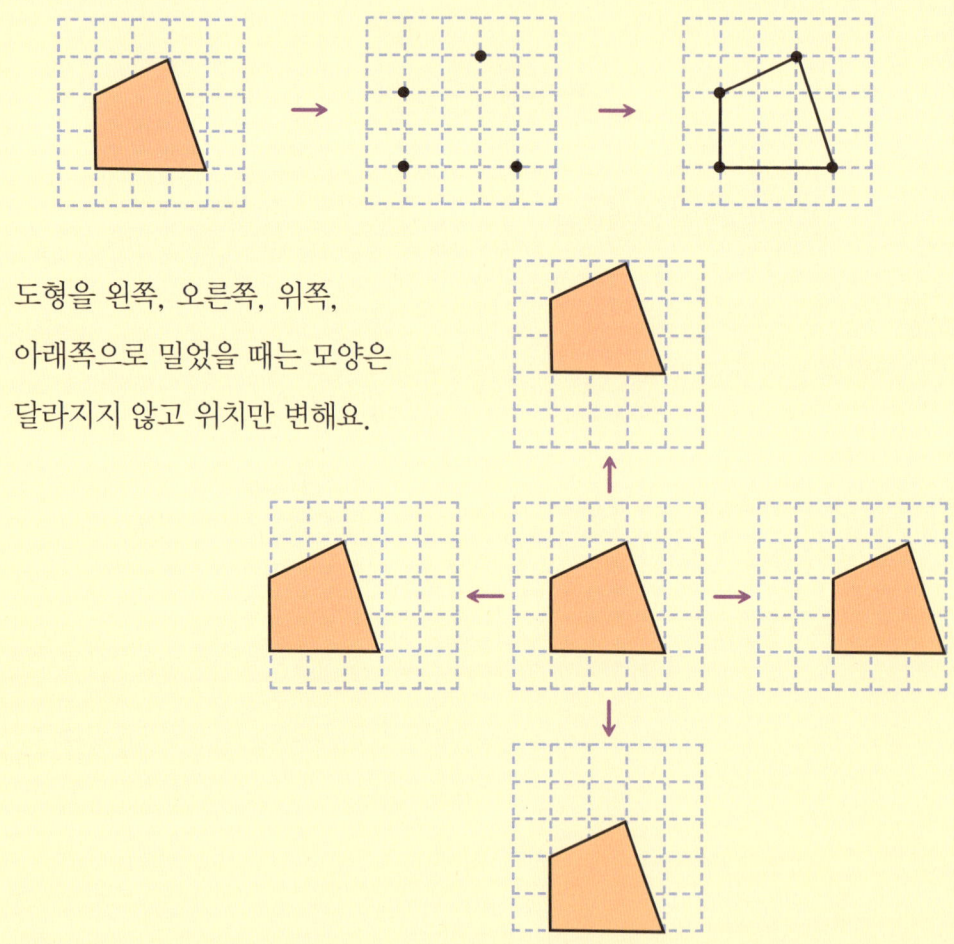

도형을 뒤집을 때는 중간에
거울이 있다고 생각하며 모양을
그려요.

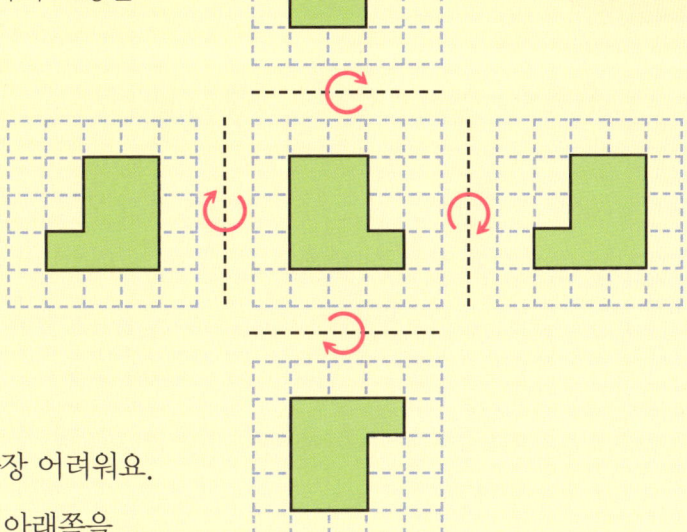

도형을 돌리는 게 가장 어려워요.
왼쪽, 오른쪽, 위쪽, 아래쪽을
잘 생각하며 도형을 그려요.

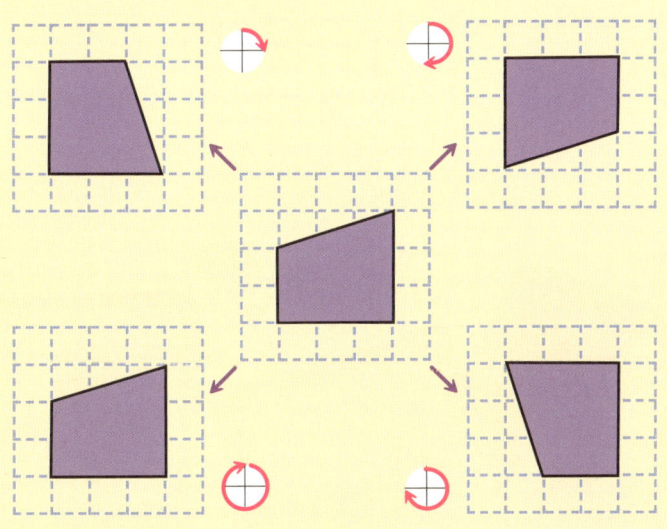

플러스 상식

도형이 숨어 있는 칠교놀이

칠교놀이는 7개의 조각을 사용해 여러 가지 모양을 만드는 우리나라 전통 놀이예요. 어른 아이 할 것 없이 누구나 즐기던 민속놀이지요. 갖가지 모양을 만들기 위해 지혜를 써야 하므로 지혜판이라고도 불려요. 칠교놀이는 5000년이나 된 놀이예요. 서양에 탱그램이란 놀이가 있는데, 동양에서 건너간 칠교놀이가 탱그램이 된 거예요. 프랑스의 황제 나폴레옹도 탱그램을 아주 좋아했다고 해요.

칠교놀이를 보면 정사각형 모양의 칠교판에 큰 직각 이등변 삼각형 2개, 작은 직각 이등변 삼각형 2개, 중간 크기의 직각 이등변 삼각형 1개, 작은 정사각형 1개, 평행 사변형 1개 등 모두 7조각의 도형으로 이뤄져 있어요. 단순해 보이는 7개의 조각이지만 인물, 동물, 식물, 글자, 건축물 등 다양한 모양을 만들 수 있어요.

이름을 도장에 새기려면?

도장은 나무, 뼈, 뿔, 돌 등에 개인이나 단체의 이름을 새겨 인주를 발라 문서에 찍는 도구예요. 인, 인장으로 불리기도 해요.
도장을 찍는 것은 자신의 소유나 책임을 나타내는 표시예요.
여러분의 이름을 도장으로 만들려면 어떻게 새겨야 할까요?
도장이 제대로 찍히도록 자신의 이름을 그려 보세요.

• 정답은 171쪽에 있어요

길이와 시간

화성 탐사 로봇, 오퍼튜니티

내 이름은 오퍼튜니티, 나는 화성을 탐사하기 위해 만들어진 로봇입니다. 난 길이 1.6미터에, 몸무게가 무려 173킬로그램이나 나가고, 바퀴가 6개나 달린 자동차 모양의 로봇입니다. 몸뚱이는 자동차를 닮았지만 내겐 팔도 있고, 다리도 있습니다.

내 팔에는 카메라와 현미경, 적외선 분석기 등이 달려 있습니다. 혹시라도 화성에서 특별한 것을 발견하게 되면 그 자리에서 연구를 해야 하기 때문에 이런 것들을 달아 둔 것입니다. 한마디로 나는 움직이는 과학실이라고도 할 수 있죠.

2003년 7월 8일, 나는 약 한 달 전에 먼저 발사된 쌍둥이 스피릿의 뒤를 이어 지구에서 화성으로 쏘아지게 되었습니다. 내가 떠날 무렵 지구에서 화성까지의 거리는 98,340,000킬로미터였습니다. 얼마나 먼지 잘 모르겠다고요?

킬로미터(km)를 더 작은 단위인 미터(m)와 센티미터(cm)로 바꿔 볼까요?

킬로미터를 미터로 바꿀 때는 1000을 곱해 주면 됩니다. 미터를 센티미터로 바꿀 때는 100을 곱해 주면 됩니다.

$$1km = 1 \times 1000 = 1000m$$

$$98{,}340{,}000 km \times 1000 = 98{,}340{,}000{,}000 m$$

(983억 4000만 미터)

$$1m = 1 \times 100 = 100cm$$

$$98{,}340{,}000{,}000 m \times 100 = 9{,}834{,}000{,}000{,}000 cm$$

(9만 8340억 센티미터)

어때요? 미터와 센티미터로 바꾸니 엄청 멀다는 게 느껴지죠? 원래 화성과 지구의 거리는 이것보다 더 가까울 때도 있고, 더 멀 때도 있습니다. 제일 가까울 때는 약 5500만 킬로미터지만 멀 때는 4억 킬로미터 이상으로 7배나 늘어나지요. 화성은 지구와 달리 약간 찌그러진 타원 궤도로 돌고 있거든요. 그래서 화성이 어디에 있느냐에 따라서 지구와의 거리가 멀어지기도 하고, 가까워지기도 하는 거랍니다.

내가 화성까지 도착하는 데 걸린 시간은 무려 약 4824시간, 날짜로 따지면 201일을 쉬지 않고 달려서야 화성에 도착했습니다. 쌍둥이 스피릿은 나보다 21일 먼저 화성에 도착했습니다. 출발 시간이 빨랐으니까 당연한 결과겠지요.

"오퍼튜니티, 넌 화성의 분화구를 탐사하게 될 거야."

과학자들은 내게 분화구를 탐사하고, 그 모습을 촬영해 오라는 임무를 내렸습니다.

내가 화성에 도착하기 전까지만 하더라도 사람들은 막연히 화성의 모습을 상상해야만 했습니다. 나보다 먼저 화성에 간 탐사

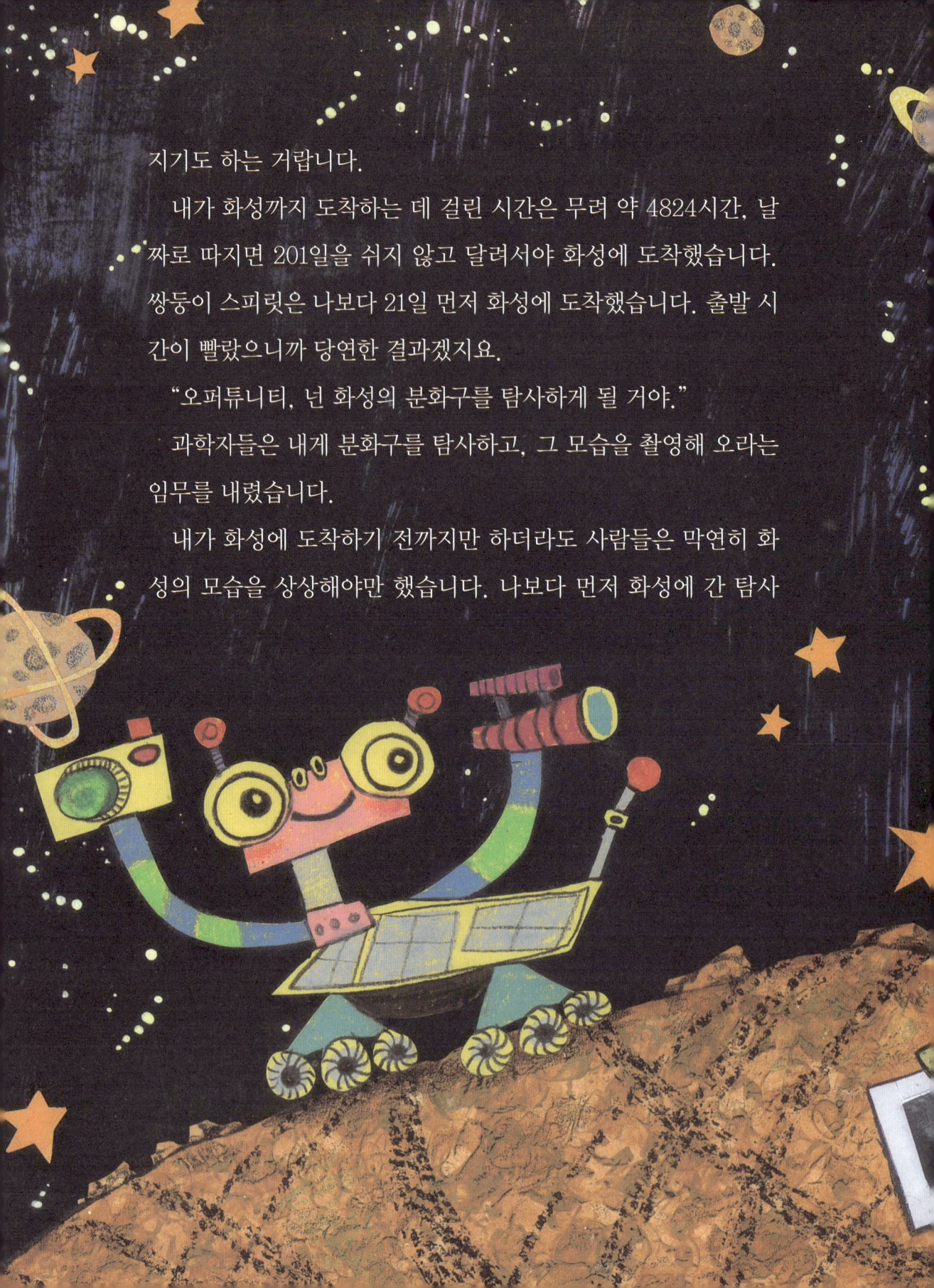

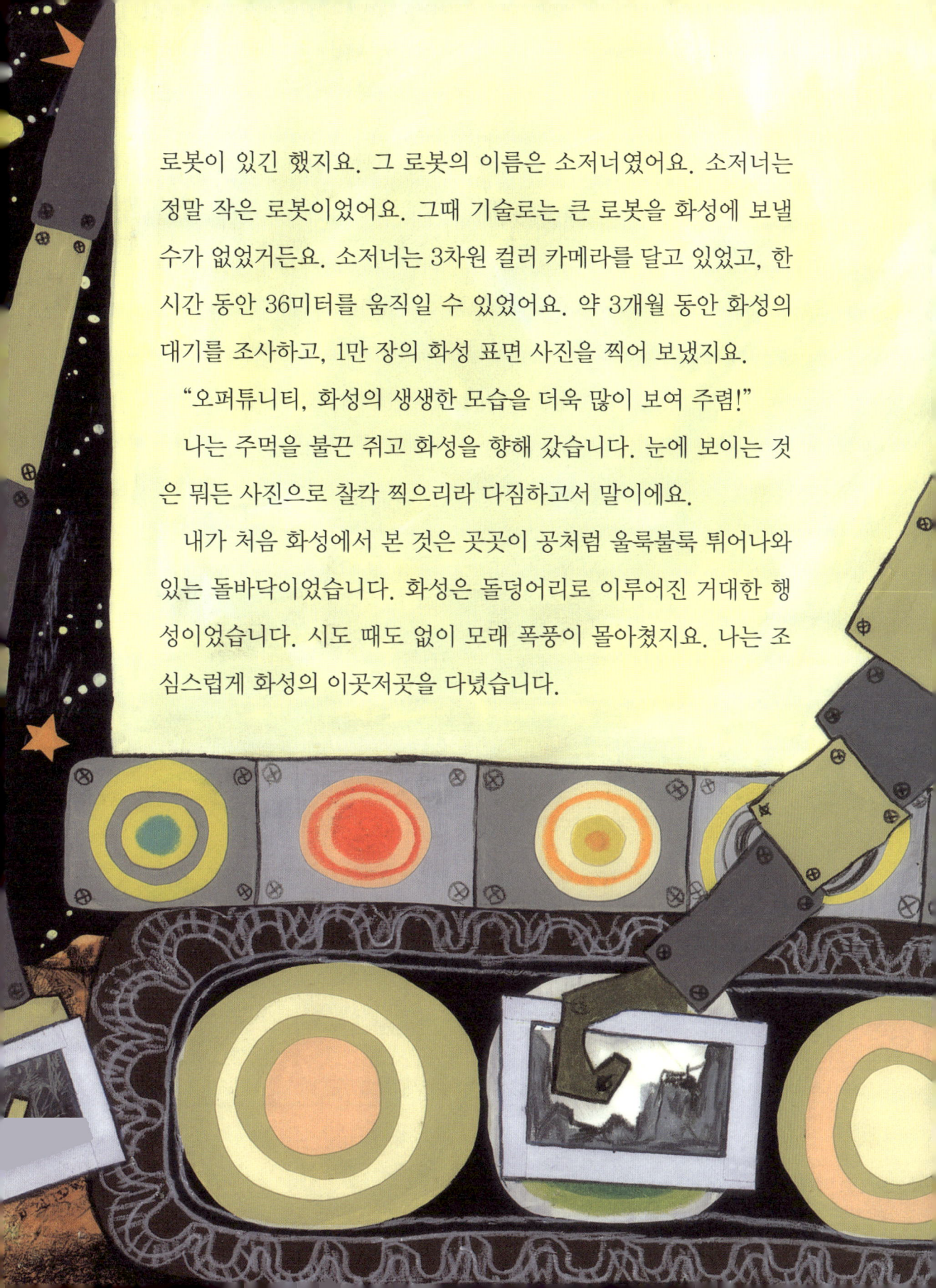

로봇이 있긴 했지요. 그 로봇의 이름은 소저너였어요. 소저너는 정말 작은 로봇이었어요. 그때 기술로는 큰 로봇을 화성에 보낼 수가 없었거든요. 소저너는 3차원 컬러 카메라를 달고 있었고, 한 시간 동안 36미터를 움직일 수 있었어요. 약 3개월 동안 화성의 대기를 조사하고, 1만 장의 화성 표면 사진을 찍어 보냈지요.

"오퍼튜니티, 화성의 생생한 모습을 더욱 많이 보여 주렴!"

나는 주먹을 불끈 쥐고 화성을 향해 갔습니다. 눈에 보이는 것은 뭐든 사진으로 찰칵 찍으리라 다짐하고서 말이에요.

내가 처음 화성에서 본 것은 곳곳이 공처럼 울룩불룩 튀어나와 있는 돌바닥이었습니다. 화성은 돌덩어리로 이루어진 거대한 행성이었습니다. 시도 때도 없이 모래 폭풍이 몰아쳤지요. 나는 조심스럽게 화성의 이곳저곳을 다녔습니다.

그런데 화성의 하루가 지구의 하루와 시간이 다르다는 걸 알고 있나요?

화성의 하루 단위는 24시간 하고도 37분 23초예요. 지구의 하루는 24시간이니까 하루에 37분 23초씩 오차가 생기는 것입니다. 만약 내가 이틀 동안 움직인다면 74분 46초라는 오차가 생기지요. 74분은 시간으로 바꾸면 1시간 14분이므로, 1시간 14분 46초가 지구와 차이가 나는 것입니다.

> 37분 23초 + 37분 23초
> = 74분 46초
> = 1시간 14분 46초

과학자들은 나와 스피릿이 고작해야 화성의 날짜로 90일, 지구 시간으로 약 2216시간밖에 움직일 수 없을 거라고 생각했습니다. 하지만 우리는 상관없었습니다. 어떻게 오게 된 화성인데요! 고장 날 것이 두려워서 꼼짝도 않는다면 이곳까지 오지도 않았을 것입니다.

나와 스피릿은 마지막까지 용감하게 화성을 탐사하기로 했습니다. 나의 최종 목적지는 빅토리아 크레이터라는 커다란 분지였습니다. 하지만 곧장 가기보다는 곳곳에 들러 화성의 이곳저곳을 탐사했습니다.

"좋아, 오퍼튜니티, 동쪽으로 2킬로미터 움직여. 그리고 북쪽으로 1킬로미터 780미터 가야 해. 멈춰! 다시 서쪽으로 1킬로미터 170미터 움직여."

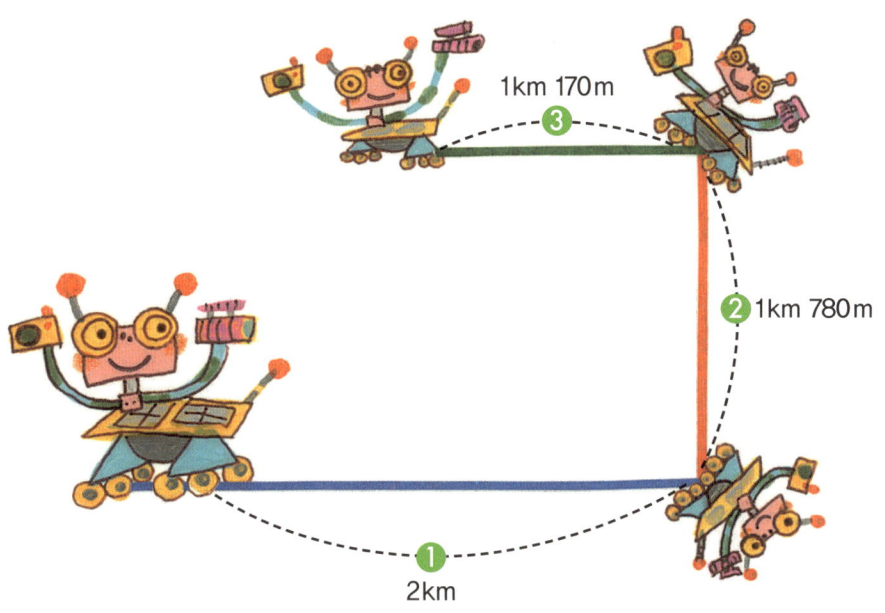

지구에서는 우리에게 이런 식으로 명령을 내렸습니다. 내 팔에 장착된 카메라를 통해 주변을 관찰하고, 어디로 움직여야 할지 명령하는 것입니다. 명령을 보면 알겠지만, 지나온 거리를 다 합하면 4km 950m인데, 직진한 거리로는 얼마 되지 않습니다.

❶+❷
= 2km + 1km 780m
= 3km 780m

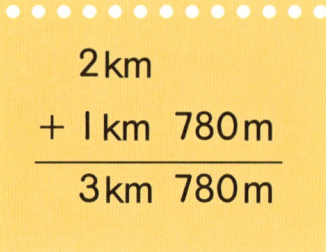

❶+❷+❸
= 3km 780m + 1km 170m
= 4km 950m

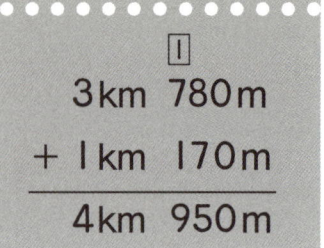

이렇게 곳곳을 다니다 보니 앞으로 나아가는 속도는 더뎠습니다. 그리고 카메라로 보는 환경과 실제 환경은 차이가 많습니다. 어떤 때는 탐사를 하다가 경사가 심한 절벽 아래로 떨어지기도 했고, 분화구 속에 빠져서 허우적거리기도 했지요.

어떤 때는 바퀴에 모래 먼지가 끼어서 꼼짝도 하지 못하는 날도 있었고, 갑작스러운 돌풍에 태양 전지판이 부러져서 에너지를 만들지 못하게 된 날도 있었습니다. 나는 스스로를 고칠 수 없기 때문에 고장이 나게 되면 죽을 수도 있었지요. 하지만 나는 하루하루 최선을 다해 움직였습니다.

그렇게 움직이다 보니 어느새 나는 원래 수명보다 9년 넘게 살게 되었습니다. 하지만 스피릿은 나처럼 오래 움직이지 못했습니다. 스피릿은 탐사 중 앞바퀴 한 개가 망가져서 뒤로 움직이는 것밖에 할 수가 없었던 것입니다. 스피릿은 한쪽 발만으로 계속해서 움직이다가 모래 웅덩이에 빠지고 말았습니다.

지구의 과학자들은 스피릿을 구하려고 안간힘을 썼습니다. 하지만 수만 킬로미터나 떨어진 곳에 있는 과학자들이 해 줄 수 있는 일이라고는 스피릿과 계속 통신을 하는 일밖에 없었습니다. 결국 2011년 5월, 과학자들은 스피릿의 사망을 선언했습니다.

"오퍼튜니티, 이제 네가 우리의 마지막 희망이야."

"지금까지 버틴 것만으로도 기적이야! 하지만 조금만 더 힘을 내 줘. 오직 너만이 우리의 꿈을 이룰 수 있어, 오퍼튜니티!"

사람들은 나에게 응원을 보냈습니다. 나는 부지런히 메모리를 깜박이며 화성을 탐사하고, 또 탐사했지요.

나도 언젠가는 힘을 잃고 스피릿처럼 죽음을 맞이하게 될 것입니다. 하지만 나는 괜찮습니다. 지구에서 쏘아 올린 또 다른 탐사 로봇이 내 빈 자리를 대신할 테니까요.

다른 로봇들은 더 발달된 기술을 갖고 내가 미처 가 보지 못한 곳도 마음껏 탐사하겠지요. 그때가 되면 내 소원을 꼭 이뤄 주세요. 내 소원은 화성의 가장 높고 아름다운 곳에 멈추어 서서 언제까지고 화성을 바라보는 것이랍니다.

동화 속 수학

시각과 시간의 차이

시간의 단위로는 초, 분, 시가 있어요.

초 초침이 작은 눈금 한 칸을 지나는 시간 단위

분 분침이 작은 눈금 한 칸을 지나는 시간 단위.
초침이 시계 한 바퀴를 도는 시간 단위
60초 = 1분

시 시침이 숫자가 쓰여진 큰 눈금 한 칸을 지나는
시간 단위. 분침이 시계 한 바퀴를 도는 시간 단위
60분 = 1시간

시각과 시간은 달라요. 시각은 시곗바늘이 어느 한 지점을 가리키는 때예요. 아래의 경우처럼 말이에요.

"지금은 몇시입니까?"
"지금 시각은 3시입니다."

반면 시간은 어떤 시각에서 다른 시각까지의 사이를 말해요.
아래 대화를 보면 수업 시작부터 끝까지 2시간이 걸린다는 뜻이에요.

"수업 시간은 몇 시간입니까?"
"2시간입니다."

시간의 덧셈과 뺄셈

시간도 자연수처럼 덧셈과 뺄셈을 할 수 있어요. 각각 시, 분, 초 단위에 맞춰 계산을 하면 되지요. 덧셈에서는 더한 수가 60초나 60분이 넘으면 '분'이나 '시'로 바꿔 줘요.

```
  1시간  55분  38초           1시간  55분  38초
+ 2시간  26분  45초    →    + 2시간  26분  45초
─────────────────           ─────────────────
                             3시간  81분  83초
                                   +1분  −60초   ← 83초는 60초가
                             ─────────────────      넘으니 초에서
                             3시간  82분  23초      60을 빼고, 분에
                            +1시간  −60분            1을 더한다
                             ─────────────────
                             4시간  22분  23초   ← 82분은 60분이
                                                     넘으니 분에서
                                                     60을 빼고, 시에
                                                     1을 더한다
```

뺄셈에서는 경우에 따라 1시간을 60분으로, 1분을 60초로 받아내림해서 계산해요.

```
                                        60
  7시간  52분  30초          7시간  52분  30초   ← 30초에서 45초를
                                  51                  뺄 수 없으니
− 2시간  26분  45초    →   − 2시간  26분  45초        분에서 60초를
─────────────────          ─────────────────         빌려 온다
                            5시간  25분  45초
```

109

길이의 단위

길이는 여러분도 잘 알 거예요. 자로 재는 것이 바로 길이지요. 키를 재는 것도 길이, 신발 크기를 재는 것도 길이예요. 길이에도 단위가 있어요. 짧은 길이를 잴 때 쓰는 단위와 긴 길이를 잴 때 쓰는 단위가 있지요.

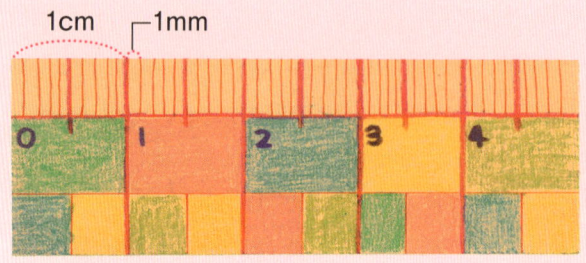

자를 보면 숫자 사이사이에 작은 눈금 10칸이 똑같이 나누어 있지요? 이 작은 눈금 한 칸이 1밀리미터(mm)예요. 짧은 거리를 잴 때에는 밀리미터(mm)나 센티미터(cm)를 사용하고, 이보다 긴 길이를 잴 때는 미터(m)나 킬로미터(km)를 사용해요. 1mm를 10개 합치면 1cm가 되고, 1cm를 100개 합치면 1m, 1m를 1000개 합치면 1km가 돼요.

$$1cm = 10mm$$
$$1m = 100cm$$
$$1km = 1000m$$

길이의 덧셈과 뺄셈

길이도 자연수처럼 더하거나 뺄 수 있어요. 길이를 더하거나 뺄 때에는 같은 단위를 맞춰서 계산해야 해요. 숫자가 너무 커지면 단위를 정리해요.

$$2580m + 3710m = 6290m$$
$$= 6000m + 290m$$
$$= 6km + 290m$$
$$= 6km \ 290m$$

← 1000m가 1km이기 때문에 6000m를 6km로 써 주면 길이를 보기 좋게 정리할 수 있다

단위가 다른 길이가 섞여 있을 때에는

첫째, 같은 단위의 길이끼리 먼저 더하거나 빼요.

둘째, 빼기를 할 때 같은 단위에서 뺄 수 없을 때는 더 큰 단위에서 받아내려서 빼요.

```
   5km  200m              5km  200m
 - 2km  400m     →      - 2km  400m
 ─────────────           ─────────────
                          2km  800m
```

(위쪽 5를 4로 고치고 200 위에 1000 표시)

← 200m에서 400m를 뺄 수 없으니 킬로미터에서 1km, 즉 1000m를 빌려 온다

플러스 상식

1분은 왜 60초일까?

시간이 부족했을 때 이런 생각 해 본 적 없나요? 왜 하루가 24시간일까 하고요. 왜 하루는 24시간이고, 1시간은 60분, 1분은 60초일까요? 누가 이렇게 정했을까요?

이건 고대 바빌로니아 사람들이 그렇게 정한 거예요. 이걸 60진법이라고 불러요. 60이 채워질 때마다 한 자리씩 올라가는 것이지요.

1초가 60개 모이면 1분, 1분이 60개 모이면 1시간, 그리고 아침, 점심, 저녁, 밤을 구분해서 6의 4의 배수인 24를 하루의 시간으로 정했어요.

농사를 짓기 위해서는 계절의 변화를 정확하게 알아야 해요. 바빌로니아 사람들은 360일마다 계절이 다시 돌아온다고 생각해 1년을 360일로 정해서 사용했어요. 계절이 한 바퀴 도는 것을 1년이라고 하고, 빙그르르 한 바퀴 도는 원의 각도도 360도로 정했지요.

하지만 지금은 1년을 365일로 정해서 전 세계 사람들이 공통적으로 사용하고 있어요.

도토리 숲에 가려면 얼마나 걸릴까?

"우리 내일 아침 일찍 도토리 따러 가자."
토끼와 다람쥐는 숲 속으로 도토리를 따러 가기로 했어요. 다람쥐네 집은 토끼네 집과 숲 속 중간에 있어요. 토끼는 다람쥐네 집에 들러 숲 속으로 함께 가기로 했어요.

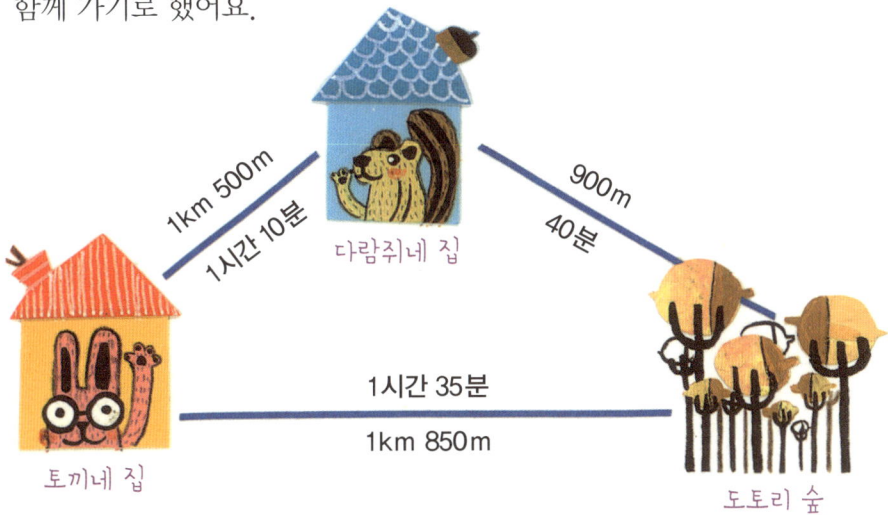

① 토끼가 다람쥐네 집에 들러 도토리 숲까지 간 거리는 얼마일까요?
② 토끼가 다람쥐네 집에 들러 도토리 숲까지 가는 데 시간이 얼마 걸렸나요?
③ 토끼가 도토리 숲에 바로 가는 거리와 다람쥐네 집에 들러 도토리 숲에 간 거리를 비교해 보세요. 얼마나 멀리 돌아간 걸까요?

• 정답은 172쪽에 있어요

오세리스의 수레

"어서 빨리 나르란 말이다!"

관리가 고함을 쳤어요. 사람들은 큰 바위를 옮기느라 지쳐서 쓰러질 지경이었지요. 하지만 감독을 하는 관리는 점점 더 거칠게 윽박지르며 사람들을 재촉했어요.

이곳은 지금으로부터 5000년 전의 고대 메소포타미아예요. 새로 왕위에 오른 왕은 거대한 성을 짓고 싶어 했어요. 그래서 많은 사람들을 동원해 바위를 나르고, 나무를 자르고, 돌을 쪼개는 일을 시켰어요.

하늘에서는 뜨거운 뙤약볕이 내리쬐었고, 사람들은 지쳐서 하나둘 쓰러지기 시작했어요.

"대왕님이 오시기 전에 성벽을 올려야 한단 말이다! 어서 바위를 날라라! 이 게으름뱅이들아!"

수염이 뱅글뱅글 꼬인 관리는 채찍을 휘두르며 사람들에게 마구 소리를 질렀어요.

오세리스는 물통을 들고 아빠를 찾았어요. 오세리스는 열 살밖에 되지 않았지만, 어른들이 얼마나 힘든 일을 하는지 잘 알고 있었어요. 그리고 새로운 왕이 포악하고 나쁜 왕이란 걸 알고 있었고요.

오세리스는 개울에서 시원한 물을 길어 와 가죽 물통에 담아 아빠를 찾았어요.

"저희 아빠 못 보셨어요? 저희 아빠 어디에 계세요?"

오세리스는 나무 그늘 밑에서 잠시 쉬고 있는 어른들에게 물어봤어요. 하지만 어른들은 지쳐서 더운 입김만 훅훅 내뱉었어요.

그때였어요. 수염 뱅뱅 관리와 병사들이 누군가를 향해 호통을 쳤어요. 오세리스는 사람들 사이를 비집고 들어가 봤어요. 거기에는 오세리스의 아빠가 다리를 움켜쥔 채 쓰러져 있었어요.

"아, 아빠!"

오세리스는 달려가 아빠 앞에 주저앉았어요. 아빠는 다리를 다쳐 피를 흘리고 있었어요. 그러나 수염 뱅뱅 관리는 그런 아빠를 치료해 줄 생각은 안 하고, 오히려 혀를 차면서 인상을 썼어요.

"그거 하나 못 들어서 다리를 다쳐? 못난 것 같으니라고! 다리를 다쳤거나 말거나 네가 맡은 일은 다 해 놓도록 해라! 만약에

다 못 해 놓으면 큰 벌을 내릴 줄 알아라!"

수염 뱅뱅 관리는 눈살을 찌푸리며 바닥에 침을 퉤퉤 뱉었어요. 오세리스는 화가 나서 주먹을 불끈 쥐었지만, 주위에 기세등등한 병사들이 있어 수염 뱅뱅 관리에게 덤빌 수가 없었어요.

오세리스는 아빠를 부축한 채 나무 그늘 밑으로 갔어요. 아빠는 오세리스가 가져온 시원한 물을 벌컥벌컥 들이켰어요.

"큰일이구나. 다리를 다쳐서 일을 할 수가 없게 됐네. 저 돌들을 내일모레까지 저쪽으로 날라야 하는데……."

"일을 못하면 어떻게 되는데요?"

"관리가 우리더러 벌금을 내라고 할 거야. 벌금을 내지 않으면 감옥에 보내겠지."

감옥이란 말에 오세리스는 가슴이 철렁 내려앉았어요. 아빠를 무시무시한 지하 감옥에 보낼 수는 없었어요. 그곳은 햇빛도 안 들고, 뱀과 벌레들이 우글대는 곳이라고 들었어요.

오세리스는 아빠를 부축하고 집으로 돌아왔어요. 엄마도 아빠가 다친 모습을 보고는 깜짝 놀라 치료를 했어요. 아빠는 엄마가 걱정할까 봐 일터에서 있었던 일을 얘기하지 않았어요.

그날 밤, 오세리스는 잠이 오지 않았어요. 아빠는 다친 다리가 아파서 몸을 뒤척이면서 신음 소리를 냈어요. 오세리스는 가만히 밤하늘에 뜬 보름달을 바라보았어요.

'아, 아빠 일을 대신할 수 있을 정도로 내가 힘이 세다면 얼마나 좋을까? 난 왜 아직 이렇게 어린 걸까?'

엄마도 잠이 오지 않는지 일을 하고 있었어요. 달그락달그락 회전판이 돌아가는 소리가 났어요. 엄마는 진흙을 회전판 위에 놓고 빙글빙글 회전판을 돌려서 그릇을 만드는 일을 했어요. 이렇게 만든 그릇을 시장에 내다 팔고 먹을거리와 바꿔 왔어요.

달그락달그락, 달그락달그락, 툭 데구루루.

둥근 회전판이 바닥에 떨어지면서 굴러갔어요. 회전판은 도르르 잘 구르더니 오세리스 앞에서 멈췄어요.

"오세리스야, 회전판 좀 갖다 줄래?"

엄마가 오세리스에게 부탁했어요. 오세리스는 회전판을 다시 바닥에 굴려 봤어요. 또 회전판은 잘 굴러갔어요. 잠시 구르던 회전판은 아빠가 일터에서 돌을 나를 때 사용하는 통나무 밑으로 굴러갔어요.

그때 갑자기 오세리스는 번쩍하고 머리에 번개가 친 것 같은 느낌을 받았어요.

"이게 뭐지? 왜 이렇게 잘 굴러가는 거야? 이걸 이렇게 하면 잘 굴러갈까?"

어떤 생각이 오세리스를 휘감았어요. 오세리스는 그 생각에 사로잡혀 꼼짝도 할 수 없었어요.

"오세리스, 뭐 하니? 돌처럼 몸이 굳어 버리기라도 한 거야?"

"엄마, 좋은 생각이 떠올랐어요! 아빠를 도울 수 있는 좋은 생각 말이에요."

"무슨 생각 말이냐?"

"이 회전판을 이용하면 무거운 돌을 쉽게 나를 수 있어요!"

엄마는 오세리스가 무슨 말을 하는지 몰라 눈을 껌벅거렸어요.

"엄마, 제 얘기를 잘 들어 보세요. 아빠는 여러 개의 통나무 위에 돌을 올려놓고 그걸 끌어서 옮겼어요. 그런데 통나무 위에 돌을 올리는 대신 판판한 판에 회전판 두 개를 다는 거예요. 그러면 회전판이 구르면서 무거운 바위를 쉽게 나를 수 있어요!"
"아하! 그렇겠네. 하지만 그러려면 회전판이 아주 튼튼해야겠는걸."

다음 날, 오세리스는 엄마와 함께 근처에 있는 외할아버지네 집으로 갔어요. 외할아버지는 무엇이든 잘 만든다고 동네에서 소문이 자자한 솜씨꾼이었어요. 오세리스는 아빠 얘기를 하고, 지난밤 자신이 생각해 낸 둥근 회전판 얘기를 했어요. 외할아버지도 손뼉을 치면서 좋은 생각이라고 놀라워했어요.

"이걸 뭐라고 부를까? 좋은 말이 없을까?"

"버퀴, 부쿠, 부키? 아, 바퀴라고 불러요!"

"좋아! 자, 우리 바퀴를 만들어 볼까?"

외할아버지는 큰 통나무에 둥글게 표시를 했어요.

"이렇게 둥근 것을 원이라고 하지. 아주 둥글게 만들어야 바퀴가 잘 굴러갈 거야."

"점 ㅇ을 '원의 중심'이라고 하고, 원의 중심 ㅇ과 원 위의 한 점을 이은 거리를 '원의 반지름'이라고 한단다. 그리고 원의 중심을 지나는 선분 ㄱㄴ을 '원의 지름'이라고 하지."

"저도 원을 그려 볼게요."

오세리스가 나섰어요. 오세리스는 침이 달린 긴 끈을 이용해 원을 그리기 시작했어요.

"원의 중심이 되는 점 ㅇ을 정하고, 끈을 원의 반지름이 되도록 벌려요. 그리고 침을 점

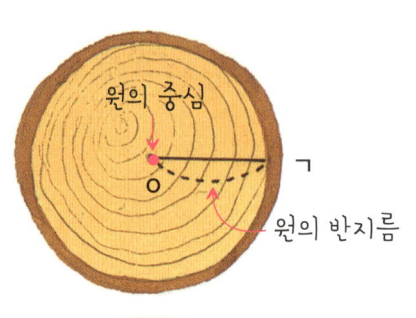

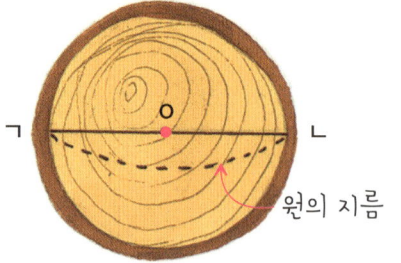

ㅇ에 꽂고 빙그르르 돌리면 둥근 원을 쉽게 그릴 수 있어요."
"오! 아주 잘 그렸구나! 완벽한 원이야!"

외할아버지는 오세리스를 칭찬해 주었어요. 외할아버지는 톱질을 해서 원 모양의 바퀴 두 개를 만들었어요. 이제 남은 건 이 바퀴 두 개를 연결하는 일이었어요.

"어떻게 해야 이 바퀴들을 잘 끼울 수 있을까?"

외할아버지와 오세리스와 엄마는 계속 궁리했어요.

"널빤지 아래에 통나무를 단 뒤, 통나무에 구멍을 뚫어서 바퀴를 달면 어떨까요? 그러면 튼튼해서 무거운 바위를 실을 수 있잖아요."

"옳지! 그렇지. 바퀴의 중심, 즉 원의 중심에 구멍을 뚫어서 통나무 사이에 끼우자꾸나. 그런데 오세리스야, 바퀴에는 참 특별한 성질이 있구나."

"그게 뭔데요?"

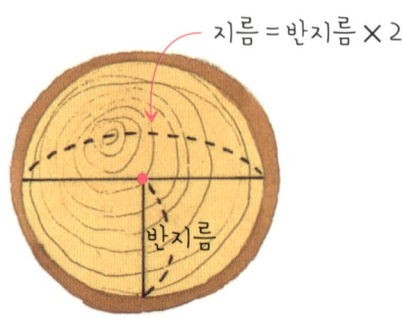

할아버지는 바퀴를 가리키며 그림을 그렸어요.

"한 원에서 반지름은 모두 같구나."

"와! 정말이네요! 한 원에서 지름도 모두 같아요!"

"그렇지, 그렇고말고. 그러니까 한 원에서 지름은 반지름의 2배로구나."

"반대로, 반지름은 지름의 반이에요."

"오세리스야, 넌 참으로 엄청난 걸 생각해 냈구나!"

오세리스는 기뻤어요. 오세리스는 할아버지를 도와 밤늦게까지 일을 했어요. 어느새 계획했던 물건이 완성됐어요.

"이걸 뭐라고 부를까요? 수리, 하리, 보리……."

"수레라고 하면 어떨까?"

"수레? 와, 좋아요. 바퀴가 달린 수레!"

다음 날 아침, 오세리스는 엄마 아빠와 함께 일터에 수레를 끌고 나타났어요. 사람들은 태어나서 처음 보는 물건에 눈이 휘둥그

레졌어요. 그때 수염 뱅뱅 관리가 나타났어요.

"일을 하라고 했더니 이상한 장난감을 끌고 와서 뭔 짓을 하는 게냐?"

"이건 수레라는 거예요. 그리고 이 둥근 건 바퀴라고 하고요. 제가 외할아버지랑 발명한 거예요. 이 수레로 저 바위들을 다 나를 거예요."

"푸하핫! 이따위 장난감으로 말이냐? 만에 하나, 내일까지 저 바위들을 다 나르지 못하면 큰 벌을 받는다는 건 알고 있지?"

"알아요, 알고말고요. 저랑 내기하실래요? 만약에 제가 이 돌들을 다 나르면 관리님은 그 수염을 자르세요."

"뭐라고? 하하핫, 가소로운 녀석! 더위를 먹었나 보구나. 좋다, 하지만 네가 내기에 진다면 더 큰 바위를 뼈가 부서지도록 날라야 할 게야."

수염 뱅뱅 관리는 콧방귀를 뀌고는 돌아갔어요. 오세리스는 엄마 아빠와 함께 수레 위에 돌을 싣기 시작했어요.

"이렇게 무거운 돌을 한꺼번에 나를 수 있을까?"

오세리스는 수레를 끌어 보았어요. 그런데 놀라운 일이 일어났어요! 어른 몇 사람도 못 들 만큼의 돌들을 오세리스 혼자 나를 수 있는 거예요!

"이것 보세요. 수레가 움직여요! 부드럽게 굴러가요! 힘이 별로 안 들어요!"

"놀랍다! 이 둥근 바퀴가 정말 놀랍다!"

오세리스는 해가 머리 꼭대기에 올라올 때까지 그 많은 돌들을 다 날랐어요. 물론 엄마 아빠가 도와줘서 가능한 일이었지요.

"하루가 아니라 반나절 만에 이 많은 돌들을 다 나르다니! 믿을 수가 없어!"

사람들이 감탄하며 바퀴를 만졌어요. 다시 나타난 수염 뱅뱅 관리도 믿을 수 없다는 표정을 지었어요.

"관리님, 저와 한 약속을 잊어버리신 건 아니지요? 어서 그 수염을 깨끗하게 밀어 주세요."

오세리스가 말했어요. 수염 뱅뱅 관리는 분해서 부르르 볼이 떨렸어요. 그러자 수염도 덩달아 부르르 떨렸어요.

"수염을 자르시오! 수염을 자르시오! 쥐꼬리 같은 수염을 자르시오!"

사람들이 관리를 향해 동시에 외쳤어요. 관리는 부끄럽고 창피해서 도망치듯이 사라졌어요.

"와! 만세! 오세리스야, 우리도 이 바퀴를 만들어 줄 수 있겠니? 네가 원하는 대로 돈을 주마."

사람들은 오세리스에게 부탁을 했어요.

"그럼요, 물론 되지요."

기쁨에 넘친 오세리스의 가족은 외할아버지네 집을 찾았어요. 많은 사람들이 수레를 만들어 달라고 찾아왔어요. 그 줄이 얼마나 긴지 마을을 한 바퀴 돌 지경이었지요. 이후 마을 사람들은 보다 쉽고, 보다 편하게 일을 할 수 있었어요.

동화 속 수학

원과 동그라미

둥근 모양이라고 모두 원은 아니에요. 원은 평면 위의 한 점에서 일정한 거리에 있는 무수한 점으로 이루어진 곡선을 말해요. 말로 하니 조금 어렵지요? 그림으로 그려 보면 쉬워요. 컴퍼스 한쪽을 점에 놓고, 다른 한쪽을 한 바퀴 돌려 보세요. 이렇게 그려진 도형을 원이라고 해요.

컴퍼스로 찍은 점을 원의 중심이라고 해요. 원의 중심에서 원 위의 한 점까지의 거리를 원의 반지름이라고 하지요. 원은 잘 굴러가요. 바퀴나 훌라후프, 동전 등이 잘 굴러가는 건 다 원이기 때문이에요. 원의 중심에서 땅에 이르는 거리인 반지름이 원에서는 어디든 똑같기 때문에 잘 굴러가는 것이지요.

원의 반지름

지름과 반지름

원은 중심에서 같은 거리에 있는 무수한 점들을 이은 것이라고 했지요?
원의 중심과 한 점만 이어서 줄을 그으면 그게 바로 반지름이에요.
그러니까 원 안에는 반지름이 무수하게 많아요.
반지름을 2배 하면 지름이 돼요. 반지름이 1cm이면 지름은 2cm,
반지름이 2cm이면 지름은 4cm지요.

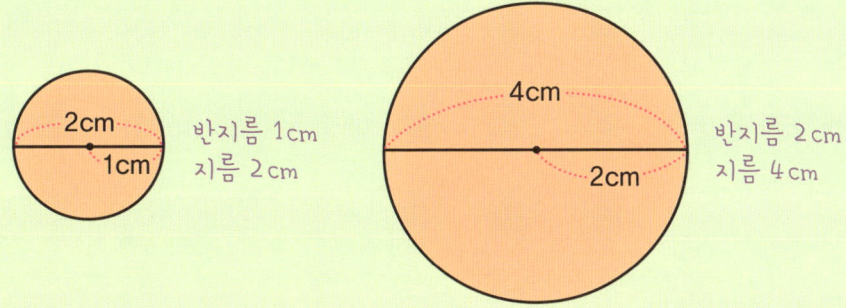

여기 원 안에 여러 개의 선분이 있어요. 이 선분 가운데 지름은
무엇일까요? 지름은 반드시 원의 중심을 지나가야 해요. 원의 중심을
지나지 않은 선분은 지름이 아니에요. 그림에서 분홍색 선만
지름이에요.

 플러스 상식

세기의 발명품, 바퀴

바퀴는 인류 역사상 가장 오래되고 중요한 발명품이에요. 바퀴가 없다고 상상해 보세요. 세상의 모든 탈것들은 사라질 거예요. 자전거, 자동차, 기차, 오토바이까지 모조리 사라지겠지요. 그러면 이 세상은 얼마나 불편할까요? 또 톱니바퀴도 사라지니까 공장의 기계도 돌아가지 못할 거예요.

바퀴는 지금으로부터 약 5천여 년 전에 메소포타미아 사람들이 발명했다고 해요. 그릇을 만들 때 사용하는 회전판을 보고 바퀴를 발명해서 물건을 나르는 데 이용했다고 하지요.

우리 주변에서 원을 찾아보세요. 자전거 바퀴부터 동전, 훌라후프, 병뚜껑 등 참 많아요.

통나무의 길이는 얼마일까?

오세리스와 외할아버지는 바퀴를 만들어 많은 돈을 벌었어요.
튼튼한 바퀴를 만들려면 큰 통나무가 필요했지요.
"오세리스야, 이 나무를 잘라서 바퀴를 만들자구나."
외할아버지가 통나무 단면에 원을 그렸어요.

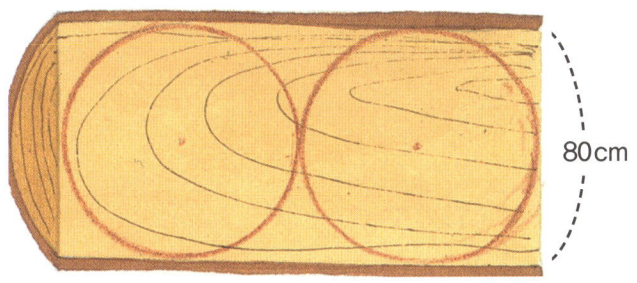

80cm

"이 직사각형 안에 크기가 같은 원 2개를 이어 붙여서 만들자.
그런데 오세리스야, 직사각형 네 변의 길이를 모두 더하면
그 합은 몇 cm일까?"
오세리스와 함께 문제를 풀어 보세요.

• 정답은 172쪽에 있어요

들이와 무게
강물을 산 욕심쟁이 부자

대동강 남쪽 기슭에는 가난한 사람들이 모여 사는 선교리라는 마을이 있었어. 그 마을에 배짱 좋고 재치 있는 김 선달이라는 선비가 잠시 머물고 있었지.

어느 햇살 좋은 봄날의 일이야. 김 선달은 햇볕이나 쬘 겸 산책하며 느릿느릿 길을 걷고 있었어. 그런데 사람들이 웅성웅성하는 소리가 들리지 뭐야. 김 선달은 뭐 재미있는 일이라도 생겼나 해서 고개를 빠끔 들이밀었지. 그랬더니 사람들의 울음 섞인 말소리가 들려왔어.

"아이고, 황 부자가 우리 땅을 몽땅 빼앗아 갔으니 이제 어쩌면 좋단 말이오!"

"황 부자가 우리 집 누렁이까지 뺏어 갔어요."

"아이고, 흑흑!"

이야기를 들어 보니 이러해. 글쎄, 돈만 많고 성질 고약하기 그지없는 노랑이 황 부자가 지난 겨울에 웬일로 쌀을 빌려 주었다지 뭐야. 겨우내 먹을 게 없어 걱정이었던 사람들은 이게 웬 떡이냐 하고서 쌀을 덥석 빌렸다지. 그런데 봄이 되자 황 부자가 빌린 쌀을 내놓으라며 으름장을 놓았대.

"영감마님, 아직 농사도 못 지었는데 무슨 수로 쌀을 내놓겠습니까. 보리가 자랄 때까지만 기다려 주십시오."

사람들이 사정사정했지만 황 부자는 아랑곳하지 않았대. 빌려 준 쌀을 못 갚을 것 같으면 땅이라도 내놓으라고 고래고래 소리를 질렀다지. 결국 사람들은 황 부자에게 농사지을 땅을 모조리 빼앗기고 말았대.

"어허, 그런 고약한 사람이 다 있나."

김 선달은 울먹이는 사람들에게 자기가 황 부자의 코를 납작하게 해 줄 테니 억울해 말라고 했어. 사람들은 김 선달에게 무슨 좋은 수가 있느냐고 물었지. 그랬더니 김 선달이 빙그레 웃으며 말했단다.

"마침 오늘 황 부자가 대동강으로 나들이를 온다고 하니, 모두 내가 시키는 대로 하시게나."

김 선달은 사람들을 강가로 불러 모았어. 그러고는 사람들에게 동전을 한 닢씩 나눠 주며 소곤소곤 무언가를 말했지.

한편, 황 부자는 따뜻한 봄볕을 쐬며 강변을 거닐었어. 황 부자는 이대로만 가면 평양 제일, 아니 전국에서 제일가는 부자가 되겠다며 키득키득 웃었지. 그런데 저게 뭘까. 황 부자는 이상한 광경에 두 눈을 치켜떴어. 글쎄, 사람들이 강물을 퍼 가면서 누군가에게 돈을 바치지 뭐야.

"지금 무얼 하는 게요?"

"보면 모르오? 물을 사 가잖소."

"물을 산다고?"

"법이 바뀌어서 대동강 물은 정해진 들이, 즉 1리터만큼만 공짜로 퍼 갈 수 있다오. 그 이상을 퍼 갈 때는 1밀리리터당 엽전 한 냥씩을 내야 한다는구려."

"누, 누구한테 돈을 내야 하는 거요?"

"누구긴, 누구야. 대동강 주인에게 돈을 내는 거지."

사람들은 황 부자에게 이렇게 말하고는 쌩하니 지나갔어. 황 부자는 사람들에게 돈을 받는 삿갓 쓴 선비를 유심히 살펴봤어.

"선비님, 물 좀 퍼 가겠습니다."

"그래, 그래."

삿갓 쓴 선비는 자리에 쪼그리고 앉아 콧노래를 부르며 사람들을 맞이했지. 사람들은 차례로 인사를 하고, 물을 퍼 갔어.

"선비님, 물 1리터 500밀리리터만 퍼 가겠습니다."

"그리하시게."

"저는 1리터 200밀리리터만 퍼 가겠습니다."

"잠깐! 자네 아까 2리터 150밀리리터 퍼 가지 않았나? 예끼, 이 사람아, 그럼 들이의 합을 계산해서 돈을 내야지. 계산하면 3리터 350밀리리터가 되니 어여 돈을 더 내게나."

그 모습을 본 황 부자는 속으로 이렇게 생각했지.

'강물은 마를 리도 없고, 애써 농사를 지을 필요도 없잖아. 이거 손 하나 까딱하지 않고 어마어마하게 큰돈을 벌 수 있겠어!'

황 부자는 삿갓 쓴 선비에게 강물을 전부 팔라고 떼를 썼어. 삿갓 쓴 선비는 금화 만 냥 정도면 강물을 팔 생각이 있다고 했지. 그

돈이면 황 부자의 전 재산과 맞먹는 큰돈이었어. 하지만 황 부자는 망설이지 않고 강물을 샀어.

"이제 난 이 세상에서 제일가는 부자가 될 거다!"

황 부자는 콧노래를 불렀어.

이튿날부터 황 부자는 강둑에 앉아 사람들을 기다렸어. 사람들은 물동이를 이고 강가를 찾았어. 황 부자는 옳다구나 하고서 돈 받을 준비를 했어.

"저, 물을 1000밀리리터만 퍼 가겠습니다."

"저는 700밀리리터면 충분합니다."

"알겠으니 돈을 내놓으시게나."

"예?"

사람들은 어이가 없다는 듯 코웃음을 치면서 그냥 가 버렸어. 황 부자는 씩씩대며 강물을 판 선비를 찾아갔지.

"사람들이 내게 왜 물값을 주지 않는 게요?"

"다들 정해진 들이의 양만큼만 물을 퍼 갔으니 돈을 낼 필요가 없는 거겠지."

"들이? 대체 그게 무엇이란 말이오?"

"물은 담기는 그릇에 따라 모양이 바뀌니까 그 부피를 정확히 잴 수 없잖소. 그래서 정해진 크기의 통에 담아서 통의 크기를 재는데, 그걸 들이라고 한다오."

"누군 겨우 1리터만 가져가는데, 누군 1000밀리리터씩이나 되는 물을 가져가 놓고도 물값을 내지 않았소. 이건 어찌 된 일이오?"

황 부자의 말에 삿갓 쓴 선비는 피식 웃음을 터뜨렸어.

"이보시오, 1리터는 1000밀리리터와 같다오. 만약 1500밀리리터를 가져갔다면 1리터 500밀리미터를 가져간 것과 같소."

1L = 1000mL

1500mL = 1000mL + 500mL
= 1L + 500mL
= 1L 500mL

"그게 참말이오?"

황 부자는 억울해서 다리를 동동 굴렀어. 그러자 삿갓 쓴 선비가 은근슬쩍 말했지.

"그럼 들이로 돈을 받지 말고, 무게의 단위만큼 물값을 받으면 어떻소? 1킬로그램 이상일 때마다 엽전을 한 닢씩 받는 거요."

"그거 좋은 생각이구려!"

황 부자는 다음 날 무게의 단위대로 물값을 받겠다고 했지.

"영감마님 물 1000그램 가져갑니다."

"저는 700그램 가져가겠습니다."

"옳거니, 그럼 돈이 얼마야!"

황 부자는 얼른 손을 내밀었어. 그랬더니 사람들이 두 눈을 동그랗게 뜨고서 황 부자를 바라봤지.

"영감마님, 1킬로그램은 1000그램과 같습니다."

$$1kg = 1000g$$

그 말에 황 부자는 자기가 삿갓 쓴 선비에게 속았다는 걸 알았어. 하지만 그땐 이미 늦어 버린 후였단다. 삿갓 쓴 선비, 그러니까 김 선달은 황 부자의 재산을 마을 사람들에게 골고루 나눠 주고 어디론가 사라져 버린 뒤였거든.

동화 속 수학

들이의 단위와 계산하기

들이는 그릇에 들어가는 양이에요. 어떤 게 부피가 더 클까 알고 싶을 때 들이로 비교해요. 그런데 그릇의 모양에 따라 담을 수 있는 양이 다르기 때문에, 들이를 비교하려면 그릇의 모양이 같아야 해요. 만약 정확하게 들이를 알 수 없을 때는 얼마쯤 되겠다고 어림잡아요.
들이의 단위에는 리터(L), 밀리리터(mL)가 있어요.
우유 한 곽은 200mL, 작은 생수 한 병은 500mL지요.
들이를 계산할 때에는 같은 단위끼리 더해 주거나 빼 주면 돼요.
더한 값이 1000mL가 넘을 때는 1L로, 내림을 할 때는 1L를 1000mL로 바꾸어 주면 돼요.

$$
\begin{array}{r}
3L\ 800mL \\
+\ 2L\ 100mL \\
\hline
\end{array}
\quad \rightarrow \quad
\begin{array}{r}
3L\ 800mL \\
+\ 2L\ 100mL \\
\hline
5L\ 900mL \\
\end{array}
$$

$$
\begin{array}{r}
3L\ 200mL \\
-\ 1L\ 300mL \\
\hline
\end{array}
\quad \rightarrow \quad
\begin{array}{r}
\cancel{3}^{2}L\ 200mL \\
-\ 1L\ 300mL \\
\hline
1L\ 900mL \\
\end{array}
$$

← 200mL에서 300mL를 뺄 수 없으니 리터에서 1L, 즉 1000mL를 빌려 온다

무게의 단위와 계산하기

무게를 비교할 때에는 저울을 사용해요. 양팔 저울은 무게를 비교할 때 아주 편리한 도구지요. 시소처럼 무거운 물건은 밑으로 내려가고, 가벼운 물건은 위로 올라가요. 무게의 단위로는 킬로그램(kg)과 그램(g)이 있어요.

무게를 서로 더하거나 뺄 때는 같은 단위끼리 더하거나 빼 주면 돼요. 더한 값이 1000g이 넘으면 1kg으로 올려 줘요. 뺄 때 값이 모자라면 내려받으면 돼요. 1kg을 1000g으로 바꿔서 빼 주는 거예요.

$$
\begin{array}{r}
2\,\text{kg}\ \ 500\,\text{g} \\
+\ 1\,\text{kg}\ \ 600\,\text{g} \\
\hline
\end{array}
\Rightarrow
\begin{array}{r}
2\,\text{kg}\ \ 500\,\text{g} \\
+\ 1\,\text{kg}\ \ 600\,\text{g} \\
\hline
3\,\text{kg}\ 1100\,\text{g} \\
+1\,\text{kg}\ -1000\,\text{g} \\
\hline
4\,\text{kg}\ \ \ 100\,\text{g}
\end{array}
$$

← 1000g이 1kg이기 때문에 그램에서 1000을 빼 주고 1kg을 더해 준다

$$
\begin{array}{r}
2\,\text{kg}\ \ 300\,\text{g} \\
-\ 1\,\text{kg}\ \ 600\,\text{g} \\
\hline
\end{array}
\Rightarrow
\begin{array}{r}
\boxed{1000} \\
\cancel{2}\,\text{kg}\ \ 300\,\text{g} \\
-\ 1\,\text{kg}\ \ 600\,\text{g} \\
\hline
700\,\text{g}
\end{array}
$$

← 300g에서 600g을 뺄 수 없으니 킬로그램에서 1000g을 빌려 온다

플러스 상식

생수통과 페트병에 담긴 들이의 비밀

정수기에 꽂아 쓰는 커다란 생수통에는 물이 얼마나 담겨 있을까요? 잘 살펴보면 18.9리터라고 쓰여 있을 거예요. 그런데 왜 20리터도 아니고, 18리터도 아니고, 계산하기 어렵게 18.9리터일까요?

그건 생수통은 갤런이란 단위를 기본으로 사용하기 때문이에요.

우리나라는 리터를 사용하지만, 미국은 우리와 다르게 갤런이란 단위를 사용해요. 1갤런은 3.785329리터, 18.9리터는 약 5갤런이에요. 생수통은 5갤런인 거예요. 미국에서 사용하는 생수통을 우리나라에서 그대로 가져와 사용하기 때문에 5갤런 즉, 18.9리터를 지금까지 사용하는 거지요.

그런데 이렇게 특이한 게 또 있어요. 음료수 페트병을 보면 1.8리터예요. 1.8리터는 1되예요. 되는 우리나라에서 예전에 사용하던 단위지요. 옛날 단위 그대로 페트병 용량을 사용하기 때문에 1되, 즉 1.8리터인 거예요.

토끼는 얼마나 물을 마셨을까?

새벽에 토끼가 눈 비비고 일어나 옹달샘을 찾았어요. 그런데 옹달샘에는 먼저 온 노루와 곰이 물을 마시고 있었어요. 노루는 800mL의 물을 마셨어요. 곰은 1500mL의 물을 마셨고요. 토끼는 200mL의 물을 마셨지요.

① 동물들이 마신 물은 모두 얼마일까요? 리터(L)로 나타내세요.

② 곰이 마신 물에서 토끼가 마신 물을 빼면 얼마일까요? 리터로 나타내세요.

● 정답은 172쪽에 있어요

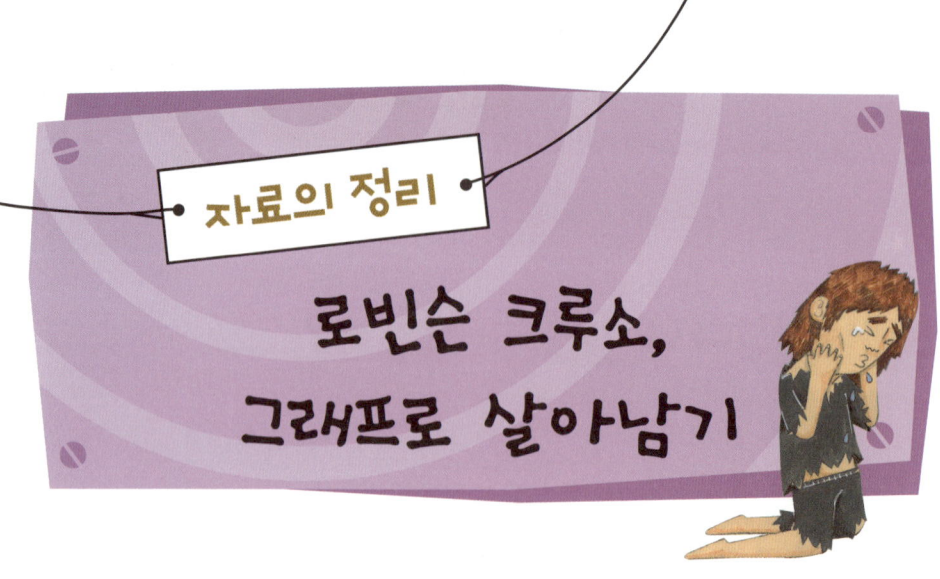

자료의 정리

로빈슨 크루소, 그래프로 살아남기

"휴, 대체 어떻게 살아야 할까?"

로빈슨 크루소는 모래 바닥에 힘없이 주저앉았어요. 뜨거운 태양열이 로빈슨의 얼굴을 까맣게 태웠어요. 옷은 거지처럼 너덜너덜거렸고, 속살이 다 보였어요. 하지만 로빈슨은 신경 쓰지 않았어요.

"어차피 볼 사람도 없는걸, 뭐."

로빈슨 크루소는 선원이었어요. 큰 배를 타고 먼바다까지 항해를 나갔지요. 하지만 집채만 한 풍랑이 몰아쳤고, 큰 배는 그만 박살이 나고 말았어요. 거친 파도에 휩쓸려 수많은 선원들이 바다에 가라앉았어요.

로빈슨은 헤엄을 아주 잘 쳤지만, 거센 파도를 이겨 낼 수는 없었어요. 로빈슨은 부서진 통나무를 잡고 간신히 버텼어요. 그러다가 그만 정신을 잃고 말았지요. 이대로 죽는구나 싶었어요.

로빈슨이 눈을 뜬 곳은 태양이 뜨겁게 내리쬐는 해변이었어요. 갈매기들이 로빈슨 주변을 기웃거리며 울어 댔어요. 로빈슨이 도착한 곳은 어떤 섬이었어요.

로빈슨은 다시 살았다는 생각에 신에게 감사의 인사를 드렸어요. 그리고 사람이 사는 마을을 찾아 나섰지요. 그런데 사람이라고는 그림자도 보이지 않았어요. 로빈슨이 도착한 섬은 바로 사람이 살지 않는 무인도였던 거예요.

"이럴 수가! 이 섬에서 어떻게 혼자 살 수 있단 말인가!"

그때부터 로빈슨은 무인도에서 혼자 살기 시작했어요. 언젠가는 지나가는 배에 구조될 거라는 희망을 버리지 않았어요.

그러나 무인도에서 혼자 산다는 건 쉬운 일이 아니었어요. 먹는 것, 입는 것, 자는 곳까지 모든 것을 혼자 힘으로 해결해야 했으니까요. 아무 곳에서나 잘 수도 없었어요. 풀숲에서 무서운 맹수가 나타나 잡아먹을 수도 있으니까요.

로빈슨은 돌을 갈아 도끼를 만들어 나무를 했어요. 그리고 어설프게나마 나무를 엮어 울타리를 만들고 집을 지었어요. 하지만 더 큰 문제는 먹을 것이었어요. 로빈슨은 하루 종일 먹을 것을 찾으러 다녔어요. 운이 좋은 날에는 바나나 열대 과일을 먹을 수 있었지만, 그렇지 못한 날이 더 많았어요.

"배가 고파. 배가 고파서 견딜 수가 없어. 뱃가죽이 등에 찰싹 붙어 버렸어."

로빈슨은 어머니가 만들어 주시던 감자 스프가 그리웠어요. 호밀 빵에 베이컨을 얹어 먹는 꿈을 꾸면서 잠들었어요. 자다가 일어나 보면 나무껍질을 자기도 모르게 씹고 있었어요.

"퉤퉤. 입안이 썩은 나무로 가득하네. 이러다가는 내가 내 손을 뜯어 먹겠어."

하루가 가고, 이틀이 가고, 사흘이 갔어요. 처음 며칠은 날짜를 셌지만 시간이 지날수록 날짜를 세는 것도 잊어버렸어요.

로빈슨의 머릿속에는 오로지 고향 생각밖에 없었어요. 돌멩이가 고향에서 먹던 훈제 고기로 보이고, 하늘에 뜬 달은 고향에서 먹던 치즈로 보였어요.

"잭 아저씨네 가게에서 레모네이드 한 잔만 마셨으면! 아, 그때 먹다가 남긴 레모네이드……. 내가 왜 그걸 남겼을까? 달콤한 시럽을 타서 한 모금 삼키면 세상에 부러울 게 없을 텐데……."

로빈슨은 밤하늘을 바라보며 눈물을 흘렸어요. 그동안 마음껏 먹고, 쓰고, 버렸던 음식과 물건들이 얼마나 소중한지 이제야 깨달았어요.

"이렇게 살 수는 없어. 이건 하루하루 죽을 날만 기다리는 거야. 구조될 때까지 어떻게든 버텨야 해."

로빈슨은 먹을 걸 찾으러 다니는 것보다 직접 잡는 게 더 낫겠다고 생각했어요. 하루 종일 먹을 걸 찾아다녀 봐야 빈털터리로 돌아올 때가 더 많았으니까요. 그러자면 여러 가지 도구가 필요했어요. 낚시를 하려면 낚싯바늘이 필요했고, 불을 피우려면 성냥이 필요했으며, 그물을 만들려면 끈이 필요했어요. 하지만 로빈슨은 못 하나도 없었어요.

"바늘 하나, 칼 한 자루, 그릇 하나, 성냥 한 개비가 얼마나 중요한지 이제야 알겠구나."

로빈슨은 해변에 떠내려온 난파선의 물건들을 주웠어요. 통나무에 박힌 작은 못 하나를 발견하고 로빈슨은 하늘을 날 듯 기뻐했어요. 로빈슨은 작은 못을 돌멩이에 놓고 갈고 갈아서 낚싯바늘을 만들었어요. 또 나무 덩굴을 이어서 그물을 엮었어요.

하지만 그물로 물고기를 잡는 건 쉽지 않았어요. 로빈슨은 낚시를 하기로 했어요.

"물고기를 많이 잡아 배부르게 먹고 싶다. 그러려면 낚시 미끼를 좋은 걸 써야 할 텐데……."

낚시 미끼는 아주 중요했어요. 무인도에 사는 물고기들이 어떤 미끼를 좋아하는지에 따라 낚시가 성공하느냐 실패하느냐가 달라질 테니까요.

로빈슨은 궁리 끝에 좋은 생각을 떠올렸어요.

"아, 그래! 나도 잭 아저씨가 했던 방법을 쓰자!"

맛있는 레모네이드를 파는 잭 아저씨는 글자를 몰랐어요. 그렇지만 손님들이 무엇을 좋아하는지, 어떤 걸 얼마나 마셨는지, 외상값은 얼마인지 다 알고 있었어요. 잭 아저씨의 가게에 있는 나무 기둥 때문이었지요.

"잭 아저씨는 누가 어떤 걸 얼마나 마셨는지 나무 기둥에 그림을 그려 표시해 놓았지. 손님들의 외상값도 말이야. 나도 널빤지에 그림그래프를 그리는 거야."

로빈슨은 일주일씩 미끼를 바꿔 가며 낚시를 했어요. 그리고 그때마다 고기가 몇 마리나 잡혔는지 널빤지에 표시를 했어요.

"파리를 미끼로 사용했더니 일주일 동안 7마리가 잡혔구나. 지렁이는 11마리, 애벌레는 3마리, 송사리는 13마리가 잡혔어. 그렇다면 송사리를 미끼로 낚시를 하는 게 가장 좋은걸! 송사리가 그려진 그래프가 가장 높으니까."

로빈슨은 점점 더 물고기를 잘 잡게 됐어요.

"이것 참 재밌네. 그림그래프는 글자를 모르는 사람도 얼마든지 그릴 수 있겠구나. 잭 아저씨처럼 말이야. 조사한 내용을 그림으로 그리면 되니까!"

<미끼별 잡힌 물고기 수>

미끼	파리	지렁이	애벌레	송사리
물고기 수	7	11	3	13

 10마리    1마리

배고픔이 어느 정도 해결되자 로빈슨은 점점 더 지혜로워졌어요. 이제는 물고기가 아닌 동물을 사냥하고 싶었어요. 로빈슨은 숲 속에 덫을 놓았어요. 그런데 다음 날, 놀라운 사냥감이 잡힌 거예요!

"와우! 산양이 잡혔네!"

산양은 건강하게 살아 있었어요. 로빈슨은 그냥 잡아먹기보다는 키우기로 했어요. 잡아먹으면 한 번은 배부를지 몰라도 살려두면 오랫동안 산양 젖을 먹을 수 있으니까요. 로빈슨은 이후 산양 두 마리를 더 잡았어요.

"산양마다 젖을 골고루 짜야 해. 그런데 어떤 산양의 젖을 얼마나 짰는지 알기 어렵네. 그래, 막대그래프를 그리면 쉽게 해결될 거야!"

< 산양별 젖을 짠 그릇 수 >

산양	털북숭이	하얀뿔	머리바람
그릇 수	7	11	4

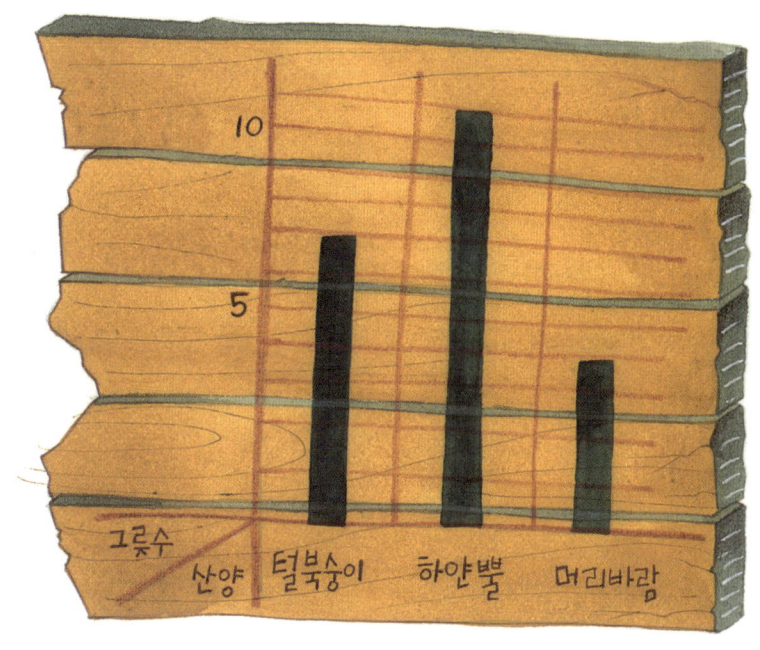

로빈슨은 널빤지에 산양의 이름을 쓰고, 일주일마다 젖을 짠 분량을 막대그래프로 그렸어요.

"털북숭이는 7그릇, 하얀뿔은 11그릇, 머리바람은 4그릇을 짰구나."

이렇게 그래프로 그리자 젖을 많이 짠 산양과 적게 짠 산양을 금방 알 수 있었어요.

로빈슨은 이제 완전히 무인도에 적응해 용감하고 지혜로운 사냥꾼이 되었어요. 그러던 어느 날, 로빈슨은 모래사장에 나 있는 발자국을 봤어요.

"사람이다! 사람이야!"

로빈슨은 발자국을 쫓았어요. 그 발자국들이 잔뜩 나 있는 곳에 불을 피운 흔적이 있었어요. 그런데 충격적인 것은 사람의 뼈도 함께 있었어요.

"이럴 수가! 식인종이야! 식인종들이 잡아먹은 사람의 뼈가 분명해!"

로빈슨은 무서워 부르르 몸을 떨었어요.

"어디에 식인종이 나타나는지 조사를 해야겠어!"

로빈슨은 섬 주변을 돌아다니면서 발자국을 찾았어요. 그리고 널빤지를 들고 다니며 칼로 표시를 했어요.

"동쪽 산에서 일곱 발자국, 서쪽 바다에서 네 발자국, 남쪽 계곡에서 열다섯 발자국이 발견되었어. 어디쯤에 식인종이 많이 나타나는지 알겠어."

로빈슨은 그래프를 이용해 식인종이 많이 나타나는 곳의 지도를 완성했어요. 그리고 그래프를 보며 남쪽 계곡으로 가지 말아야겠다고 생각했어요. 과연 로빈슨은 무인도에서 무사히 살아남아 고향으로 돌아갈 수 있을까요?

동화 속 수학

막대그래프와 그림그래프

조사한 내용을 전달할 때 어떤 방법을 쓸 수 있을까요? 글로 쓰는 것보다 표로 정리하면 내용을 금방 알 수 있어요. 표보다 더 눈에 잘 띄게 하려면 그림으로 나타내면 돼요. 이렇게 그림으로 자료를 정리한 것을 그래프라고 하지요. 막대로 조사한 내용의 양을 표현하면 막대그래프, 조사한 내용의 항목을 그림으로 표현하면 그림그래프라고 해요.

막대그래프 그리기

막대그래프는 각 항목들이 얼마나 많고 적은지 금방 알 수 있어요. 반 친구들이 좋아하는 동물을 조사한 경우, 그림그래프보다 막대그래프로 그리는 게 내용을 빠르고 정확하게 알 수 있어요.

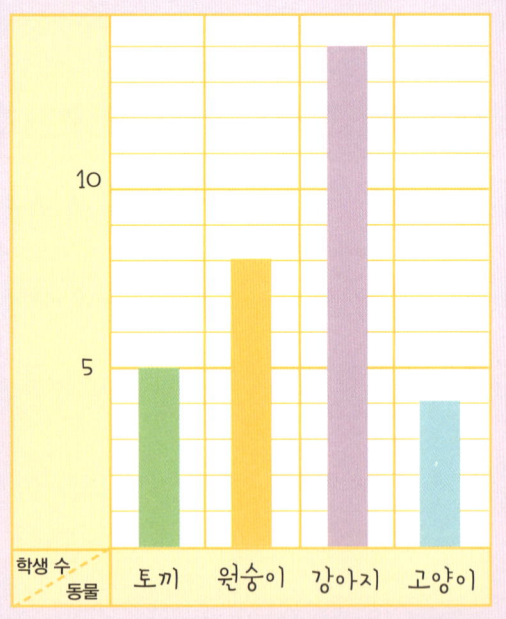

좋아하는 동물	학생 수(명)
토끼	5
원숭이	8
강아지	14
고양이	4

가로에 나타낼 항목을 적고, 세로에 조사한 숫자를 표시해요.

그림그래프 그리기

그림그래프는 한 가지 항목에 대해 그룹 간의 차이를 비교할 때 좋아요. 어느 반에 학생 수가 많은지, 어느 학교에 나무 수가 많은지 등을 한눈에 알고 싶을 때 사용하지요.

그림그래프는 몇 개의 그림을 사용할지 결정해야 해요. 항목은 하나만 정해 주고, 대신 크기를 비교할 수 있는 그림을 여러 개 그려요.

10개를 뜻하는 그림, 1개를 뜻하는 그림, 이렇게요.

학교	나무 수 (그루)
파도	35
구슬	24
한솔	40
사랑	17

10그루를 나타내는 큰 나무와 1그루를 나타내는 작은 나무, 두 개의 그림을 이용했어요.

그림그래프에서는 그림의 크기와 개수를 통해 수량의 많고 적음을 금방 알 수 있어요. 하지만 정확한 합계를 구하려면 그림그래프보다 표를 이용하는 것이 정확해요.

플러스 상식

뉴스 속의 그래프

뉴스를 보면 그래프가 많이 나와요. 원그래프, 막대그래프, 그림그래프 등 여러 가지 그래프들이 나오지요. 인구 관련 뉴스를 예로 들어 볼까요? 어린이의 수가 많이 줄고, 노인이 많아졌다는 인구 변화를 뉴스에서 다룬다면 아마도 원그래프를 보여 줄 거예요. 전체 인구 중 어린이, 청년, 노인이 얼마나 되는지 연령별 인구 분포를 한눈에 알 수 있기 때문이지요.

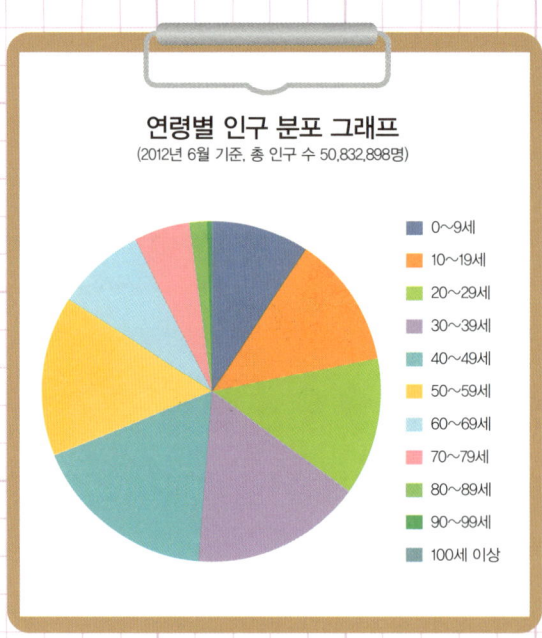

연령별 인구 분포 그래프
(2012년 6월 기준. 총 인구 수 50,832,898명)

이처럼 정해진 분량 안에서 무엇이 많고 적은지 알아볼 때는 원그래프가 알맞아요. 날씨를 안내하는 뉴스에는 꺾은선그래프가 주로 사용돼요. 기온은 시간에 따라 변하므로, 꺾은선그래프로 그리면 언제 어떻게 기온이 바뀌는지 알아보기가 쉬워요. 이처럼 우리 생활에서 다양한 그래프가 사용되고 있어요.

조개 줍기 대회

와! 보람이네 학교 아이들이 갯벌 체험 학습을 떠났어요.
갯벌에는 조개가 많았어요. 선생님은 반별 조개 줍기 대회를 열었어요.
아이들은 신이 나서 조개를 주웠어요.

반	주운 조개의 개수
1반	
2반	
3반	
4반	

 10개

 1개

① 조개 줍기 대회에서 1등을 한 반은 어느 반인가요?

② 가장 적게 주운 반은 몇 반인가요?

③ 가장 많이 주운 반과 가장 적게 주운 반의 개수는 얼마나 차이가 날까요?

• 정답은 173쪽에 있어요

규칙 찾기

오이 귀신이 나타났다

"비켜라, 비켜."

준하가 뒷짐을 지고 교실로 들어섰어요. 3학년 3반 아이들은 '땅꼬마가 왜 저렇게 무게를 잡지? 오늘 아침에 똥을 안 누고 와서 그런가?' 하는 눈길로 준하를 바라봤어요.

준하는 키가 작고 힘이 약한 데다가 운동도 잘 못해서 아이들에게 놀림을 받곤 했어요. 그런데 오늘따라 준하는 아주 기세가 등등했지요.

준하는 뒷주머니에서 갑자기 오이 두 개를 꺼냈어요. 그리고 십자가처럼 들고 아이들에게 다가갔어요.

"으, 오이다!"

아이들이 뒤로 물러났어요. 오이가 무서워서 그러는 게 아니라, 오이가 싫어서 그러는 거였지요. 똥이 무서워서 피하는 게 아니라 더러워서 피하는 것처럼요.

"오이 귀신이다!"

준하가 소리쳤어요.

"뭐라고?"

"오이 귀신이 나한테 왔다! 오이 귀신이 내 등 뒤에 서서 너희를 보고 있다!"

"뭐? 땅꼬마, 지금 뭐라는 거야?"

"너희 눈에는 안 보이겠지? 하지만 내 눈에는 보인다. 이제부터 오이 귀신을 불러내겠다. 오이 귀신, 오이 귀신, 네 힘을 보여 줘!"

준하가 눈을 번뜩이며 오이를 휘두르면서 주문을 외웠어요. 3학년 3반 아이들이 호기심에 다 같이 우르르 준하 주변으로 모여들었어요.

"이제부터 오이 귀신의 능력을 보여 주겠다."

준하는 책상 앞에 앉아 종이 한 장을 꺼냈어요. 그리고 연필을 쥐고 아이들에게 물었어요.

"불러 봐라. 너희 생일을 불러 봐라."

"내 생일? 난 10월 4일."

철규가 말했어요.

"오이 귀신, 오이 귀신……." 하면서 준하는 연필을 흔들었어요. 그러자 종이 위에 글자가 써졌어요.

'금.'

"네 생일은 금요일이로구나."

아이들은 얼른 교실 벽에 걸린 달력을 넘겨 봤어요. 그런데 10월 4일은 정말 금요일이었어요!

"와, 신기하다. 정말 오이 귀신의 능력이야?"

"우리 엄마 생일을 맞혀 봐. 12월 22일이야."

혜선이가 물었어요. 준하는 다시 "오이 귀신, 오이 귀신……." 하면서 연필을 흔들었어요. 그러자 종이 위에 '일'이라는 글자가 쓰였어요.

"와, 맞다! 달력을 보니까 정말 일요일이야!"

아이들은 놀라서 혀를 내둘렀어요.

"땅꼬마가 일 년 달력을 다 외운 거 아냐?"

"에이, 설마. 일 년 달력을 어떻게 다 외우냐?"

아이들은 서로 의심하는 눈빛으로 바라봤어요. 아이들은 계속 준하에게 질문을 했어요.

"크리스마스는 무슨 요일이야?"

"7월 5일이 무슨 요일이야?"

아이들의 질문에 준하는 막힘없이 척척 맞혔어요. 어떤 날짜도 요일을 다 알아맞혔어요. 올해뿐만 아니라 내년 요일도 알아맞혔지요. 단 한 번도 틀리지 않았어요. 그럴 때마다 아이들은 소름이 오싹 끼쳤어요.

"정말인가 봐. 정말 오이 귀신이 땅꼬마한테 가르쳐 주나 봐."

아이들은 점점 준하가 무섭게 보이기도 하고, 신기해 보이기도 했어요.

"누가 나를 땅꼬마라고 놀리느냐? 오이 귀신에게 혼이 나고 싶으냐?"

"아, 아니. 누가 놀렸다고 그래."

준하는 목에 힘을 주면서 무서운 표정을 지었어요. 이제 3학년 3반 아이들은 누구도 준하를 땅꼬마라고 무시하지 않았어요.

"오이 귀신님이 과자가 먹고 싶다고 하신다."

준하가 말하면 민철이는 얼른 과자를 갖다 줬어요.

"오이 귀신님이 물을 마시고 싶어 하신다."

준하가 말하면 현주가 얼른 물을 떠다 줬어요. 은서는 자기가 아끼는 게임기를 준하에게 빌려 주고, 효리는 준하 대신 급식을 받아 줬어요. 모든 게 다 오이에 붙어 있다는 오이 귀신 때문이었지요.

그런데 3학년 3반 아이들 가운데 단 한 명만은 준하의 말을 듣지 않았어요. 그 아이는 바로 민지였어요. 민지는 아무리 봐도 준하가 의심스러웠어요.

"민지야, 너 자꾸 그러다가 오이 귀신한테 저주받는다! 얼굴에 오이처럼 두드러기가 나고, 죽을 때까지 오이만 먹고 살아야 한대! 난 세상에서 오이가 제일 싫은데!"

철민이가 말했어요. 민지는 준하가 달력 맞히기 마법을 부릴 때마다 몰래 관찰했어요. 그런데 준하가 이상한 행동을 하는 게 눈에 띄었어요.

준하는 요일을 맞힐 때마다 손가락을 자꾸 움찔거렸어요. 그런데 손가락 사이에 숫자들이 쓰여 있었어요.

"1, 4, 4, 0, 2, 5, 0, 3, 6……. 이상하다, 이상해. 저게 뭘까?"

민지는 의심스러운 눈초리로 계속 살펴봤어요.

'부적이 아닐까? 귀신을 부르는 부적! 아냐, 그럴 리가 없어. 귀신 따위가 있을 리 없어!'

민지는 집으로 가서 달력을 계속 바라봤어요. 뭔가 비밀이 숨어 있을 것 같았어요.

"앗! 저게 뭐지?"

한참 달력을 살펴보던 민지는 놀라운 사실을 발견했어요.

"대각선에 놓인 2개의 숫자의 합이 같잖아! 어? 대각선에 놓인 3개 숫자의 합도 같아! 1월부터 12월까지 다 그래!"

12 + 20 = 32
13 + 19 = 32

15 + 23 + 31 = 69
17 + 23 + 29 = 69

민지는 달력 속에 놀라운 규칙이 있다는 걸 그제야 알게 됐어요. 준하의 초능력도 이런 규칙에서 나온 게 아닌가 싶었지요. 그래서 당장 준하 손가락에서 본 숫자를 인터넷에서 찾아봤어요. 1,

연번호	2009년	2010년	2011년	2012년		2013년	2014년
				1-2월	3-12월		
	2	3	4	5	6	0	1

*7개의 숫자가 계속 반복된다.
*2012년처럼 2월이 29일까지 있는 윤년인 해는 1, 2월과 3월 이후로 나누어 계산한다.

월	1월	2월	3월	4월	5월	6월	7월	8월	9월	10월	11월	12월
번호	1	4	4	0	2	5	0	3	6	1	4	6

요일	월요일	화요일	수요일	목요일	금요일	토요일	일요일
번호	1	2	3	4	5	6	0

4, 4, 0, 2, 5, 0, 3, 6…….

민지는 드디어 오이 귀신의 정체를 알게 됐어요. 인터넷에는 연 번호, 월 번호, 요일 번호만 알면 달력의 요일을 맞힐 수 있는 방법이 나와 있었어요.

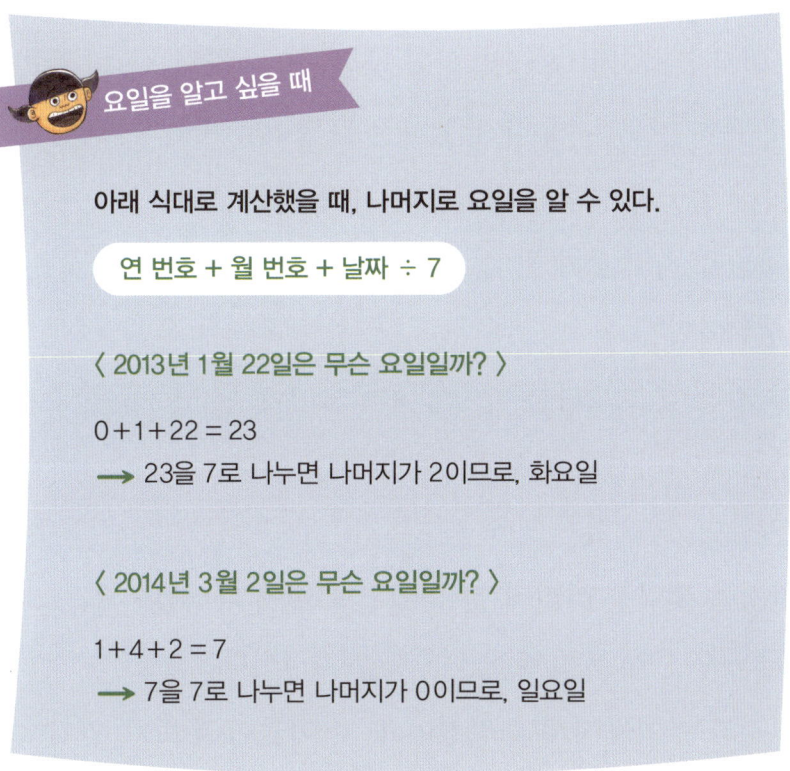

"와, 이런 규칙이 달력에 숨어 있다니! 연, 월, 요일 번호만 알면 어떤 날짜의 요일도 다 맞힐 수 있어! 오이 귀신은 무슨 오이 귀신! 속았다, 속았어!"

민지는 분해서 부르르 몸을 떨었어요.

다음 날, 민지는 준하를 몰래 화장실로 불렀어요. 아이들 앞에서 이 사실을 다 밝히면 준하는 망신을 당할 것 같았어요. 아이들은 준하를 땅꼬마에 거짓말쟁이라고 놀리고 무시하겠지요.

민지는 화장실에서 준하에게 사실대로 말하라고 추궁했어요. 그러면서 준하처럼 요일을 척척 맞혔어요. 준하보다 더 빨리 맞혔지요. 준하는 모든 게 다 망했다는 표정이었어요. 어떻게 해야 할지 몰라 얼굴이 벌겋게 달아올라 울먹거렸어요.

"비밀을 지켜 줄게."

"정말이야?"

"하지만 앞으로 다른 아이들에게 오이 귀신으로 겁을 주거나 심부름을 시키거나 무시해서는 안 돼."

"알았어. 약속할게."

민지는 깻잎을 머리에 척 붙이고 교실에 나타났어요.

"나도 귀신을 부를 수 있다! 깻잎 귀신이다!"

민지가 아이들에게 소리쳤어요. 아이들이 우르르 민지 주변으로 몰려들었어요. 민지는 준하처럼 척척 요일을 맞혔어요. 준하보다 더 빨리 맞혔지요.

"와, 세다! 오이 귀신보다 더 세다!"

아이들은 혀를 내둘렀어요.

"앞으로 친구끼리 싸우지 말지어다! 앞으로 청소 시간에 도망치지 말지어다! 앞으로 욕하지 말고, 힘자랑하지 말지어다!"

깻잎을 머리에 붙인 민지는 아이들 머리를 하나씩 만지면서 말했어요. 아이들은 "네, 네." 하면서 고개를 끄덕였어요.

아이들이 모두 집으로 돌아가고 나자, 민지는 칠판에 이렇게 썼어요.

"귀신은 없고, 수학은 있다!"

동화 속 수학

달력에서 규칙 찾기

새로운 문제에 부딪혔을 때, 문제를 해결하는 문제 해결 능력을 갖는 건 아주 중요해요. 규칙 찾기는 바로 이런 문제 해결 능력을 키워 줘요. 규칙을 찾으려면 이런 것들을 잘 살펴보세요.

> 1. 어떤 것들이 반복되고 있나요?
> 2. 얼마나 자주 반복되고 있나요?
> 3. 어떤 방향으로 반복되고 있나요?
> 4. 어떻게 반복되고 있나요?

달력은 가장 규칙적으로 수가 나타나는 대표적인 예예요. 규칙만 알면 몇 년 뒤 내 생일이 무슨 요일인지, 지금부터 며칠이 남았는지 금방 알아낼 수 있어요. 달력에 숨은 규칙을 찾아볼까요?

달력의 규칙 1

일주일은 7일이에요. 7일마다 요일이 반복돼요.

달력의 규칙 2

같은 달에서 7일씩 차이 나는 날들은 모두 같은 요일이에요.
이 규칙을 알면 며칠 뒤의 요일도 알 수 있어요.

예를 들어 2013년 10월 11일은 금요일이에요.
그럼 50일 뒤의 요일을 알아볼까요?
50을 7로 나누면, 나머지가 1이에요.
요일은 7일씩 반복되기 때문에 나머지가
0이면 같은 요일이에요.
따라서 나머지가 1인 50일 뒤는 금요일
다음 날인 토요일이에요.

토요일의 날짜를 보면 모두 7일씩 차이가 난다. 다른 요일도 마찬가지!

달력의 규칙 3

각 달마다 날 수가 달라요. 몇 월에 며칠까지 있는지
알아 두면 달력 날짜를 가늠하기 쉬워요.

1월	2월	3월	4월	5월	6월	7월	8월	9월	10월	11월	12월
31일	28일	31일	30일	31일	30일	31일	31일	30일	31일	30일	31일

2월은 4년에 한 번 29일이 돼요.

이외에도 동화에서 민지가 찾은 것처럼 달력에서 대각선에 놓인
숫자의 합이 같다거나 하는 규칙들을 발견할 수 있어요.
어때요? 달력에도 많은 규칙이 있지요? 달력 외에도 주변에서 규칙을
찾을 수 있는 것들을 찾아보고, 규칙 찾기 놀이를 해 보세요.

플러스 상식

전화기 번호판에 숨은 규칙

전화기를 주의 깊게 살펴본 적 있나요? 휴대 전화나 집 전화기의
번호판 배열을 보면, 규칙이 있어요. 1부터 9까지 숫자가 있고,
맨 아래 ✱(별) 표와 #(우물 정자) 표가 있고, 그 사이에 숫자 0이 있어요.
모든 전화기는 다 똑같아요. 우리나라만 그런 게 아니라 전 세계
전화기가 모두 똑같아요. 배열된 숫자를 보면 왼쪽에서 오른쪽으로
1씩 커져요. 세로줄을 보면 놓인 수들은 위에서 아래로 3씩 커지지요.
대각선을 보면 오른쪽 대각선 방향으로 4씩 커지고, 왼쪽 대각선
방향으로 2씩 커져요.
왜 이렇게 똑같은 규칙으로 번호판을 배열해 놓은 걸까요?
그건 불빛이 없는 어두운 곳에서도 전화를 할 수 있게 하기 위해서예요.
누구나 번호판의 규칙을 알면 손으로 더듬어 전화할 수 있어요.
눈이 안 보이는 시각 장애인들도 쉽게 전화를 걸 수 있지요.

규칙을 찾아 날짜 맞히기

2015년 5월의 달력을 보고 규칙을 찾아보세요.

① 2015년 5월 1일은 금요일이에요. 5월 1일을 기준으로 했을 때, 나머지가 0인 날은 무슨 요일인가요?
② 5월 1일을 기준으로 했을 때, 2015년 크리스마스까지 며칠 남았나요?
③ 2015년 크리스마스는 무슨 요일일까요?

● 정답은 173쪽에 있어요

[수학퀴즈] 정답

25쪽
정답 : 아름

아름이와 민준이 중 누가 읽을 쪽수가 적게 남아 있는지 계산해 보면 돼요. 전체 쪽수에서 지금까지 읽을 쪽수를 빼면 되지요. 읽을 쪽수가 적은 아름이가 먼저 다 읽겠네요.

```
  아름            민준
   3̸ 6̸ 8         3 2̸ 4̸
 -  1 7 7       -  1 1 9
 ─────────      ─────────
     1 9 1         2 0 5
```

39쪽
정답 :
① 150개
② 765개
③ 1230개

항아리 안에 물건을 넣으면 뭐든 15배로 늘어서 나오니까 각각 15를 곱하면 돼요.

① $10 \times 15 = 150$

②
```
     5 1
   × 1 5
   ─────
     2 5 5
     5 1 0
   ─────
     7 6 5
```

③
```
     8 2
   × 1 5
   ─────
     4 1 0
     8 2 0
   ─────
   1 2 3 0
```

55쪽
정답 :
① - ㄷ
② - ㄴ
③ - ㄱ
④ - ㄹ

① $63 \div 7 = 9$의 경우를 보면, 63개를 7개씩 묶었을 때, 9묶음이 나온다는 뜻이에요. 이를 곱셈으로 생각해 보면 7개씩 9묶음은 63개라는 뜻이지요. 즉, $7 \times 9 = 63$이 돼요. 나머지도 같은 방식으로 생각하면 돼요.

② $25 \div 5 = 5 \leftrightarrow 5 \times 5 = 25$

③ $27 \div 3 = 9 \leftrightarrow 3 \times 9 = 27$

④ $18 \div 9 = 2 \leftrightarrow 9 \times 2 = 18$

71쪽

정답:
15개

아도니스가 가진 오렌지는 28개의 $\frac{1}{7}$이므로 4개예요.
남은 오렌지는 28 − 4 = 24, 즉 24개예요.
피타고라스 할아버지에게 준 오렌지는 24개의 $\frac{3}{8}$인데,
24개의 $\frac{1}{8}$은 3개예요.
3개씩 3묶음이니, 할아버지에게 준 오렌지는 모두 9개예요.
따라서 24개에서 9개를 빼면 남은 오렌지 개수가 나와요.
24 − 9 = 15

85쪽

정답:
① 26.5cm
② 15.2cm
③ 41.7cm
④ 11.3cm

밀리미터는 센티미터의 $\frac{1}{10}$이에요. 그래서 아빠 발과 내 발을
센티미터로 나타내면 다음과 같아요.
① 265mm = 26.5cm
② 152mm = 15.2cm
③ 두 사람의 발 크기를 합하면 417mm가 돼요.
   이를 센티미터로 바꾸면 다음과 같아요.
   417mm = 41.7cm
④ 아빠 발에서 내 발 크기를 빼면 113mm가 돼요.
   이를 센티미터로 바꾸면 다음과 같아요.
   113mm = 11.3cm

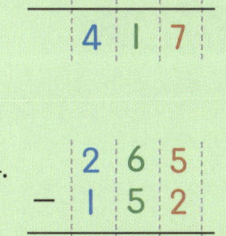

99쪽

정답:
예시 참고

거울을 보듯 이름을 뒤집었을 때 생기는 모양을 그리면 돼요.

김사랑 → 녕사김 (거울상)

113 쪽

정답 :
① 2km 400m
② 1시간 50분
③ 550m

① 토끼네 집에서 다람쥐네 집까지의 거리에, 다람쥐네 집에서 도토리 숲까지의 거리를 더하면 돼요.

```
     1
   1 km  500 m
+       900 m
───────────────
   2 km  400 m
```

② 토끼네 집에서 다람쥐네 집까지 걸리는 시간에, 다람쥐네 집에서 도토리 숲까지 걸리는 시간을 더하면 돼요.

```
   1시간  10분
+        40분
───────────────
   1시간  50분
```

③ 토끼가 다람쥐네 집에 들렀다가 도토리 숲으로 가는 거리에서 도토리 숲으로 바로 가는 거리를 빼면 돼요.

```
        1000
   2̸ km  400 m
-  1 km  850 m
───────────────
          550 m
```

129 쪽

정답 :
480cm

직사각형 세로의 길이는 원 1개의 지름과 같아요.
원 1개의 지름은 80cm예요.
그런데 원 2개가 이어져 있으므로 직사각형 가로의 길이는 원 2개의 지름을 더한 것과 같아요.
80 + 80 = 160
직사각형은 네 변으로 이루어져 있으므로 모두 더하면 답을 구할 수 있어요.
160 + 160 + 80 + 80 = 480

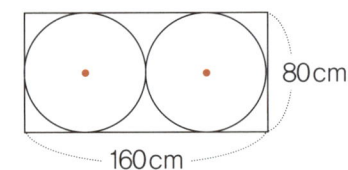

141 쪽

정답 :
① 2L 500mL
② 1L 300mL

① 세 동물이 마신 물을 모두 더하면 2500mL예요.
800mL + 1500mL + 200mL = 2500mL
1L = 1000mL이므로, 밀리리터를 리터로 고치면 다음과 같아요.
2500mL = 2000mL + 500mL
       = 2L + 500mL = 2L 500mL

② 곰이 마신 물에서 토끼가 마신 물을 빼면 1300 mL예요.
1500 mL − 200 mL = 1300 mL
밀리터를 리터로 고치면 다음과 같아요.
1300 mL = 1000 mL + 300 mL
       = 1 L + 300 mL = 1 L 300 mL

155 쪽

정답 :
① 1반
② 4반
③ 24개

반별로 주운 조개 수는 오른쪽과 같아요.
① 1등을 한 반은 1반이에요.
② 가장 적게 주운 반은 4반이에요.
③ 1반과 4반의 개수 차이는
1반 개수에서 4반 개수를 빼면 돼요.
43 − 19 = 24

반	주운 조개의 개수
1반	43
2반	27
3반	32
4반	19

169 쪽

정답 :
① 금요일
② 238일
③ 금요일

① 나머지가 0인 날은 같은 요일이에요.
② 5월의 남은 날은 30일이에요. 6월부터 11월까지 남은 날은 다음과 같아요.

월	6월	7월	8월	9월	10월	11월
날 수	30	31	31	30	31	30

다 더하면 11월 마지막 날까지 남은 날 수를 알 수 있어요.
30 + 30 + 31 + 31 + 30 + 31 + 30 = 213
크리스마스는 12월 25일이므로, 여기에 25일을 더해요.
213 + 25 = 238
③ 38을 7로 나누면 나머지는 0이 돼요. 따라서 5월 1일과 같은 금요일인 것을 알 수 있어요.

3학년 스토리텔링
수학동화

2013년 5월20일 1판1쇄 발행 | 2022년 7월10일 1판6쇄 발행

글 | 서지원　그림 | 박연옥 이선주
회장 | 나춘호　펴낸이 | 나성훈　펴낸곳 | (주)예림당
등록 | 제2013-000041호　주소 | 서울시 성동구 아차산로 153
구매 문의 전화 | 전략 마케팅 561-9007　팩스 | 562-9007
책 내용 문의 전화 | 3404-9251
http://www.yearim.kr
책임 개발 | 전윤경 / 서인하　디자인 | 이정애 / 이보배
저작권 영업 | 문하영　제작 | 신상덕 / 박경식
마케팅 | 임상호 전훈승

ⓒ 2012 예림당
ISBN 978-89-0296-1 74410
ISBN 978-89-0297-8 74410 (세트)

*이 책은 저작권법에 따라 보호받는 저작물이므로 무단 전재와 무단 복제를 금합니다.
　이 책의 표지 이미지나 내용 일부를 사용하려면 반드시 (주)예림당의 서면 동의를 받아야 합니다.

어린이제품 안전특별법에 의한 제품 표시사항

제품명 | 도서　제조자명 | (주)예림당　제조국명 | 대한민국　전화번호 | 02)566-1004
주소 | 서울시 성동구 아차산로 153　제조년월 | 발행일 참조　사용연령 | 8세 이상
주의! 책의 모서리가 날카로우니, 던지거나 떨어뜨려 다치지 않도록 주의하세요.